Klaus Bästlein

Vom NS-Täter zum Opfer des Stalinismus:

Dr. Walter Linse

Ein deutscher Jurist im 20. Jahrhundert

Berlin 2010
2. Auflage

Schriftenreihe des Berliner Landesbeauftragten für die Unterlagen des Staatssicherheitsdienstes der ehemaligen DDR

Band 27

2. Auflage, November 2010

ISBN: 978-3-934085-29-9

Umschlagfoto: Dr. Walter Linse, Porträtaufnahme von 1951
Quelle: dpa Picture-Alliance GmbH, Berlin, Nr. 957659

Der Berliner Landesbeauftragte für die Unterlagen des Staatssicherheitsdienstes der ehemaligen DDR, Scharrenstraße 17, 10178 Berlin
Telefon: (030) 24 07 92 - 0; Fax: (030) 24 07 92 - 99
Internet: www.berlin.de/stasi-landesbeauftragter

Inhalt

Vorwort

Mit Dr. Walter Linse und seinem Schicksal hat sich meine Behörde seit ihrer Errichtung immer wieder beschäftigt. Das erste Heft unserer Schriftenreihe befasste sich mit dem antikommunistischen „Untersuchungsausschuss freiheitlicher Juristen“, wo Linse eine leitende Position innehatte. Das zehnte Heft war sogar ausschließlich dem „Entführungsfall Dr. Walter Linse“, der 1953 zu seiner Ermordung führte, gewidmet.

So kann es nicht wundernehmen, dass meine Behörde auch ersten Hinweisen auf eine Beteiligung Walter Linses am nationalsozialistischen Unrecht nachgegangen ist. Der Jurist und Historiker Dr. Klaus Bästlein hat dazu in meinem Auftrag erstmals die Akten Linses aus seiner Zeit bei der Industrie- und Handelskammer Chemnitz von 1938 bis 1949 umfassend untersucht. Das Ergebnis dokumentieren wir in diesem Heft.

Danach kann kein Zweifel daran sein, dass Dr. Walter Linse unter anderem als „Entjudungs“-Referent der IHK Chemnitz in erheblichem Umfang am NS-Unrecht beteiligt war. Er wurde also vom NS-Täter zum Opfer des Stalinismus. Auch mit derart „gebrochenen Biografien“ hat sich meine Behörde bereits intensiv beschäftigt. Daraus erwuchs für uns jetzt die Pflicht, ebenfalls die NS-Belastungen Walter Linses zu dokumentieren.

Gleichzeitig möchte ich mit dieser Broschüre meinem langjährigen Stellvertreter, Dr. Falco Werkentin, danken. Er hatte von Anfang an entscheidenden Anteil am Aufbau und an der Entwicklung der Behörde. Er war es auch, der im Fall Linse nicht locker ließ – und die „weißen Flecken“ seiner Biografie geklärt wissen wollte.

Martin Gutzeit

Landesbeauftragter

1. Vorgeschichte, Forschungsstand, Quellenlage und Fragestellung

Dr. Walter Linse wurde am 8. Juli 1952 als Mitarbeiter des „Untersuchungsausschusses freiheitlicher Juristen“ von einem Entführungskommando der Staatssicherheit aus West-Berlin verschleppt. Den „Haftbeschluss“ gegen ihn zeichnete Erich Mielke persönlich. Am 2. Dezember 1952 wurde Linse der sowjetischen Geheimpolizei übergeben. Am 23. September des Folgejahres verhängte ein sowjetisches Militärtribunal in Berlin gegen ihn die Todesstrafe. Zur Vollstreckung wurde er nach Moskau gebracht, wo am 15. Dezember 1953 die Exekution durch Genickschuss folgte. Linse wurde am 8. Mai 1996 durch die russische Militärstaatsanwaltschaft rehabilitiert. Er war und ist das prominenteste Opfer unter mehreren Hundert aus West-Berlin durch die Staatssicherheit entführten Personen.[1]

Vor diesem historischen Hintergrund schrieb der Förderverein der Gedenkstätte Berlin-Hohenschönhausen am 29. Juni 2007 einen mit 5.000 Euro dotierten „Walter-Linse-Preis“ aus. Damit sollten fortan jährlich „Persönlichkeiten ausgezeichnet werden, die sich in herausgehobener Weise um die kritische Auseinandersetzung mit der kommunistischen Diktatur verdient gemacht haben“. Die Ausschreibung erfolgte in Kenntnis einer neuen Biografie zu Walter Linse von Benno Kirsch, die kurz zuvor erschienen war.[2] Hier fanden sich Hinweise darauf, dass Linse als „Arisierungsbeauftragter“ der Industrie- und Handelskammer (IHK) Chemnitz am nationalsozialistischen Unrecht aktiv beteiligt war. Allerdings hatte Kirsch ihm auch eine Widerstandstätigkeit im Nationalsozialismus attestiert und sein Verhalten „summarisch – bei aller Kritik – positiv“ bewertet.[3]

1 Klaus Bästlein, Der Fall Mielke. Die Ermittlungen gegen den Minister für Staatssicherheit der DDR, Baden-Baden 2002.

2 Benno Kirsch, Walter Linse. 1903 – 1953 – 1996, Dresden 2007.

3 Kirsch war offenbar davon überzeugt, dass ein Opfer des Stalinismus kein Nazi-Täter gewesen sein konnte. Linses Tätigkeit als „Entjudungsreferent“ ließ sich aber nicht verschweigen, so dass sie von ihm in einer Art „selffullfilling prophecy“ relativiert und Linse sogar zum Judenretter stilisiert wurde. Erkenntnisleitend waren für den „Politikwissenschaftler“ Kirsch dabei nicht die Fakten, sondern sein Vor-Urteil.

Aufgrund der neuen Hinweise zur Biografie Linses wandte sich der Berliner Landesbeauftragte für die Unterlagen des Staatssicherheitsdienstes der ehemaligen DDR am 6. Juli 2007 an den Vorsitzenden des Fördervereins der Gedenkstätte Berlin-Hohenschönhausen und regte an, die Auslobung des Preises bis zu einer weiterführenden Analyse auszusetzen. Denn: „Einen Mann, der zumindest stark im Verdacht steht, Gehilfe der mörderischen NS-Diktatur gewesen zu sein, zum Namensgeber eines Preises zu machen, ... ist schlechterdings unvertretbar." Der Landesbeauftragte hatte sich schon in der Vergangenheit immer wieder mit Walter Linse befasst. Das erste Heft seiner Schriftenreihe zum „Untersuchungsausschuß freiheitlicher Juristen" ging auch auf Walter Linse ein. Das zehnte Heft der Reihe war seinem Entführungsfall gewidmet.[4] Doch wegen der Aufforderung, bei Linse Zurückhaltung zu üben, wandte sich der Vorsitzende des Fördervereins der Gedenkstätte Hohenschönhausen, Jörg Kürschner, an die Öffentlichkeit und richtete heftige Angriffe gegen den Landesbeauftragten Martin Gutzeit. So erklärte Kürschner, Gutzeit habe durch seinen Hinweis auf die NS-Zeit einen „medialen Totschlag" an Linse verübt.

Darauf erteilte der Landesbeauftragte dem Verfasser den Auftrag, an Hand der verfügbaren Archivalien die Rolle von Dr. Walter Linse in der Zeit der NS-Herrschaft und den Nachkriegsjahren bis 1950 zu untersuchen und historisch einzuordnen. Insbesondere sollten die Arisierungsakten der IHK Chemnitz aus den Jahren 1938-1945 und weitere Akten aus der Zeit 1945-1949 zu einer Widerstandstätigkeit von Dr. Walter Linse in der NS-Zeit gesichtet werden. Das geschah noch im August 2007.[5] Von allen relevan-

4 Siehe: Siegfried Mampel, Der Untergrundkampf des Ministeriums für Staatssicherheit gegen den Untersuchungsausschuss Freiheitlicher Juristen in West-Berlin, 4. Auflage, Berlin 1999 (Heft 1 der Schriftenreihe des Berliner Landesbeauftragten für die Unterlagen des Staatssicherheitsdienstes der ehemaligen DDR), und ders., Entführungsfall Dr. Walter Linse – Menschenraub und Justizmord als Mittel des Staatsterrors, 3. Aufl., Berlin 2006 (Heft 10 der Schriftenreihe des Berliner Landesbeauftragten für die Unterlagen des Staatssicherheitsdienstes der ehemaligen DDR).

5 Am 21. und 22. sowie am 27. und 28. August 2007 wurden das Staatsarchiv und das Stadtarchiv Chemnitz aufgesucht. Im Staatsarchiv erfolgte aus dem Bestand 30874 (Industrie- und Handelskammer) die Durchsicht von Akten zur Behördengeschichte, der „Entjudung" 1938 bis 1945, zum Kriegseinsatz 1940 bis 1945, zur Entnazifizierung nach 1945 sowie zur Demontage und

ten Unterlagen konnten Reproduktionen gefertigt bzw. in Auftrag gegeben werden.[6] Auf die Recherchen stützte sich eine erste Kurzexpertise „Zur Rolle von Dr. Walter Linse unter der NS-Herrschaft und in den Nachkriegsjahren bis 1949“, die das methodisch fragwürdige Vorgehen Kirschs behandelte und eine erste Einschätzung der Rolle Walter Linses enthielt.

Die Kurzexpertise wurde vom Berliner Landesbeauftragten für die Stasi-Unterlagen am 25. September 2007 auf einer Pressekonferenz der Öffentlichkeit präsentiert. Dabei mahnte Gutzeit erneut, „Walter Linse nicht zu einer Ikone zu machen“. Die Pressekonferenz fand eine breite Resonanz in den Medien.[7] Doch ohne die Linse-Akten gesehen zu haben, bezeichnete der Leiter der Gedenkstätte Hohenschönhausen, Hubertus Knabe, die Expertise als „unseriös“. Fördervereins-Vorsitzender Kürschner fügte hinzu, sie sei „selektiv“ und „nicht belegt“. Das Münchner Institut für Zeitgeschichte wurde um eine Stellungnahme gebeten. Das antwortete aber, eine kurzfristige Begutachtung sei wegen der komplizierten Aktenlage nicht möglich, und die Rolle Linses bei der Industrie- und Handelskammer

---

den dazu mit der sowjetischen Besatzungsmacht ab 1945 geführten Verhandlungen. Die Akten zur „Entjudung“, die mehr als 20 Bände mit über 5.000 Blatt umfassen, waren zuvor nicht systematisch ausgewertet worden. Das gilt auch für die Entnazifizierung der steuer- und wirtschaftsberatenden Berufe unter dem Vorsitz Linses 1946/47. Weiterhin wurde das Stadtarchiv Chemnitz aufgesucht, um dort die Überlieferung zur angeblichen „Widerstandsorganisation Ciphero“ einzusehen, an der Linse beteiligt gewesen sein soll (Bestand 65: „Antifaschistischer Block“).

6 Die Herstellung von Kopien anhand der Mikrofilme aus dem Staatsarchiv Chemnitz erfolgte durch Frau Nancy Wegner. Die Gedenkstätte Deutscher Widerstand, die Stiftung Topographie des Terrors und die Stiftung Haus der Wannseekonferenz leisteten dem Berliner Landesbeauftragten für die Stasiunterlagen dabei mit ihren technischen Einrichtungen wertvolle Hilfe und Unterstützung. Ihnen sei sehr gedankt.

7 Siehe: Der Tagesspiegel vom 26.9.2008, S. 10; Berliner Morgenpost vom 26.8.2006, S. 17; Berliner Zeitung vom 26.9.2007, S. 21, und Kommentar am 27.9.2007, S. 25; Die Tageszeitung vom 29.9.2007; Radiobeitrag von Thomas Moser, Der Fall Walter Linse – Opfer und Täter, in: WDR 3, Tageszeichen, am 16.10.2007; Fernsehbeitrag von Benedict Maria Mülder, Walter Linse – Umstrittener Namensgeber, in: RBB 3, Klartext, am 5.12.2007; Fernsehbeitrag von Tom Fugmann, Im Schatten der Vergangenheit, in: 3sat, Kulturzeit, am 5.12.2007.

Chemnitz in der NS-Zeit müsse näher untersucht werden. Wörtlich hieß es: „Offen bleibt dabei selbstverständlich, welche Beurteilung das Verhalten Linses abschließend erhält."[8] Vor diesem Hintergrund wurde der „Walter-Linse-" schließlich zum „Hohenschönhausen-Preis" umbenannt.

Mit dem vorliegenden Heft wird die Kurzexpertise zur Rolle Walter Linses durch eine umfassende Biografie ergänzt, die vor allem seine Rolle unter der NS-Herrschaft eingehend untersucht. In erster Linie geht es dabei um die Tätigkeit Linses als „Entjudungsreferent" bei der Industrie- und Handelskammer Chemnitz in den Jahren ab 1938. Erste Resultate der Nachforschungen wurden in einem Beitrag von Moritz Garthmann im „Tagesspiegel" vom 29. März 2008 referiert. Nun musste auch der Fördervereinsvorsitzende Kürschner einräumen, dass Linse Mitglied der NSDAP war. Kürschner suchte das aber sofort zu relativieren: Denn Linse sei „wie viele andere reines Parteimitglied gewesen" und habe nur „als Sachbearbeiter in einem Referat" gearbeitet. Um weiteren Versuchen zur Relativierung entgegenzuwirken, wurden in einem gesonderten Anhang zu diesem Heft mehr als hundert Fälle dargestellt, bei denen Walter Linse mit unterschiedlicher Intensität die „Arisierung" und Liquidationen jüdischer Firmen betrieb. Zudem sind in diesem besonderen Anhang mehrere hundert Fälle, in denen Linse mit der „Entjudung" befasst war, nachgewiesen. Der besondere Anhang kann beim Landesbeauftragten angefordert oder über seine Internet-Präsentation abgerufen werden.[9] Weitere Diskussionen um die Rolle Dr. Walter Linses unter der NS-Herrschaft dürften sich damit erübrigen.

Die Auseinandersetzungen zur Bennennung des Hohenschönhausen-Preises wirken vor diesem Hintergrund wie eine historische Posse. Problematisch aber bleibt der Umgang der Leitung einer wichtigen Gedenkstätte für die Opfer der SED-Diktatur mit der historischen Wahrheit. Ohne eigene Sachkenntnis in den Medien falsche Erklärungen abzugeben, schadet nachhaltig dem Anliegen aller, die sich um einen verantwortlichen Umgang mit der NS-Gewaltherrschaft und der SED-Diktatur bemühen.

8 Referiert und zitiert nach: Der Tagesspiegel vom 7.12.2007.

9 Berliner Landesbeauftragter für die Unterlagen des Staatssicherheitsdienstes der ehemaligen DDR, Scharrenstraße 17, 10178 Berlin. Internet: „www.berlin.de/stasi-landesbeauftragter".

*

Leider herrscht in der deutschen Öffentlichkeit weithin Unkenntnis über die Vernichtung der wirtschaftlichen Existenzgrundlagen der deutschen Juden und der Einzelheiten ihrer Verfolgung unter der nationalsozialistischen Herrschaft. Bis die große Mehrheit der Deutschen überhaupt nachzuvollziehen begann, welchen Zivilisationsbruch die Vernichtung der europäischen Juden bedeutete, vergingen nach 1945 Jahrzehnte. Erst zu Beginn der achtziger Jahre trat eine Mehrheit der Bundesbürger für die Strafverfolgung von NS-Verbrechen ein.[10] Noch scheinheiliger gerierte sich das SED-Regime mit seinem Mythos vom Antifaschismus, der nicht einmal hinreichte, um eine Restitution jüdischer Vermögenswerte in der DDR vorzunehmen. Noch heute wissen selbst Geschichtsinteressierte nicht, dass einzelne Juden überleben konnten, wenn sie mit einem Nichtjuden verheiratet waren, der sich dem Druck widersetzte und sich nicht scheiden ließ.

Hier musste die vorliegende Darstellung ansetzen. Der Forschungsstand zur Geschichte der Juden in Chemnitz ist dabei vergleichsweise günstig. Neben die frühe Arbeit von Diamant ist die repräsentativ aufgemachte Publikation von Nitsche und Röcher getreten.[11] Allerdings gingen deren Verfasser nicht auf die bis heute heiklen Vorgänge bei der „Entjudung“ ein. Auch das vorliegende Heft enthält keine Geschichte der „Arisierung“ und Liquidation jüdischer wirtschaftlicher Existenzen im Bezirk Chemnitz. Hierzu sind nämlich umfassende Vorarbeiten erforderlich, die außerhalb der Aufgabenstellung des Berliner Landesbeauftragten für die Stasi-Unterlagen liegen. Für den Berliner Landesbeauftragten geht es in erster Linie um die Person Walter Linse. Die vorliegende Arbeit hatte sich daher auf seine Rolle bei der Vernichtung jüdischer Betriebe zu beschränken. Hinsichtlich der Gesamtgeschichte der „Entjudung“ in Chemnitz und Umgebung besteht eine Forschungslücke, die anderweitig zu schließen bleibt.

10 Siehe Klaus Bästlein, Das Nürnberger Juristenurteil und seine Rezeption in Deutschland, in: Lore Maria Peschel-Gutzeit (Hrsg.), Das Nürnberger Juristen-Urteil von 1947. Historischer Zusammenhang und aktuelle Bezüge, Baden-Baden 1996, S. 9-35.

11 Adolf Diamant, Chronik der Juden in Chemnitz, heute Karl-Marx-Stadt. Aufstieg und Untergang einer jüdischen Gemeinde in Sachsen, Frankfurt a.M. 1970; Jürgen Nitsche/Ruth Röcher (Hrsg.), Juden in Chemnitz. Die Geschichte der Gemeinde und ihrer Mitglieder, Dresden 2002.

Die Quellenlage zur „Entjudung" in Chemnitz ist dabei viel besser als in den meisten deutschen Städten, weil aufschlussreiche Akten der Industrie- und Handelskammer erhalten geblieben sind. Sie wurden von Michael Rudloff 2002 in kurzer Zeit benutzbar gemacht.[12] Die Überlieferung zur „Entjudung" umfasst vor allem die einschlägigen Handakten Walter Linses.[13] Zu einem Teil der Vorgänge sind die Unterlagen der IHK komplett überliefert. Zum anderen Teil handelt es sich um Sammlungen der Stellungnahmen und vor allem Gutachten Linses im Rahmen der „Entjudung". Die Sammlungen untergliedern sich in solche zu „arisierten" und liquidierten Unternehmen. Hinzu kommen Handakten Linses mit Verordnungen, Erlassen, Rundschreiben und sonstigen Unterlagen. Vorgänge zu einzelnen jüdischen Betrieben finden sich oft an mehreren Stellen. Allein die Akten zur „Entjudung" zählen rund 5.000 Blatt DIN-A4. Eine detaillierte archivische Erschließung existiert nicht.[14] Die Auswertung setzte daher eine eigene Erschließung voraus. Dazu wurden Dateien zur „Arisierung" und zur Liquidation jüdischer Betriebe im Bezirk der IHK Chemnitz angelegt.

Der Fall Linse ist nicht nur in Hinblick auf seine Rolle bei der „Entjudung" in und um Chemnitz aufschlussreich. Er zeigt darüber hinaus, welche Rolle die Industrie- und Handelskammern während des Krieges spielten. Das gilt für den Arbeitseinsatz der Kriegsgefangenen und Zwangsarbeiter ebenso wie für die Rüstungsanstrengungen im totalen Krieg. Nach der sowjetischen Besetzung nutzten auch die neuen Herren die Industrie- und Handelskammern. Im Gegensatz zum weitverbreiteten Mythos der antifaschistischen Erneuerung fand keine Entnazifizierung statt, die diesen Namen verdient hätte. Der NS-Täter Walter Linse konnte unter sowjetischer Ägide sogar zum Geschäftsführer und höchsten Repräsentanten der IHK Chemnitz aufsteigen. Erst als seine Position im Zuge der Bildung volkseigener Betriebe 1948/49 an Bedeutung verlor, setzte Linse sich ab.

12 Staatsarchiv Chemnitz, Findbuch zum Bestand 30874 (Industrie- und Handelskammer Chemnitz), bearbeitet von Michael Rudloff, Chemnitz 2002. Rudloff war auch der erste, der hier auf die Rolle Linses bei der „Entjudung" hinwies. Er relativierte das aber unter Hinweis auf den Bericht zur Widerstandsorganisation „Ciphero" (vgl. Kapitel 8 in diesem Heft) und Linses Entführung und Ermordung.

13 Staatsarchiv Chemnitz, Bestand 30874, Akten 691 bis 702 und 710 bis 712.

14 Staatsarchiv Chemnitz, Findbuch zum Bestand 30874 (wie Anm. 12).

Was sich beim „Untersuchungsausschuss freiheitlicher Juristen“ (UfJ) in West-Berlin vollzog, hat mit den herrschenden Geschichtsbildern ebenfalls nur wenig zu tun. Linse war nämlich keineswegs ein Vorkämpfer für Freiheit und Rechtsstaatlichkeit, wie er in seiner Bewerbung beim UfJ behauptete. Das Bekenntnis zu „westlichen Werten“ war Einstellungsvoraussetzung. Linse selbst ging es um die interessante und gutdotierte Position. Das traf möglicherweise nicht nur auf ihn, sondern auch auf andere zu, die sich im Kampf gegen die Errichtung der SED-Diktatur vom amerikanischen CIA finanzieren ließen. Auf westlicher Seite wurde oft darüber hinweggesehen, was diese Akteure vor 1945 getan hatten. Nur konkrete biografische Studien im Einzelfall können hier Fehldarstellungen vermeiden.

Nach der Entführung Linses täuschten sich schließlich die Vernehmer der Staatssicherheit und ihre sowjetischen „Freunde“ darüber, wen sie vor sich hatten. Linse wurde als angeblicher Spion und wegen antikommunistischer Propaganda verfolgt und zum Tode verurteilt. Dass er tatsächlich ein NS-Täter war, entging auch den Schergen in Hohenschönhausen, Karlshorst und Moskau, die ihn quälten und schließlich ermordeten. Wegen der Entführung konnte auch in der DDR die Rolle Walter Linses unter der NS-Herrschaft nie thematisiert werden. Die Vernichtung der wirtschaftlichen Existenzgrundlagen der Juden unter der nationalsozialistischen Herrschaft war für die SED ohnehin ein Tabu. Denn bei der Beschäftigung damit hätten allzu leicht Reminiszenzen an den „Aufbau des Sozialismus“ und die Enteignung des Mittelstandes wachgerufen werden können. So blieb bis in die Gegenwart der Deckel auf dem Fall Linse.

Es lohnt sich, diesen Deckel zu öffnen. Denn Linse war eben nicht nur ein Opfer des Stalinismus. Er hatte vielmehr auch ein Leben davor. Und das zeigt, dass er vom NS-Täter zum Opfer des Stalinismus wurde. Seine Biografie ist nicht untypisch für viele deutsche Juristen seiner Generation. An den Schnittlinien beider deutscher Diktaturen stellt das Schicksal Dr. Walter Linses ein interessantes Lehrstück dar.[15] Das gilt für seine Bio-

15 Der Verfasser dankt für die Durchsicht des Manuskripts Prof. Dr. Johannes Tuchel (Leiter der Gedenkstätte Deutscher Widerstand), Dr. Falco Werkentin (bis 2007 Stellvertretender Berliner Landesbeauftragter für die Stasi-Unterlagen) und Dr. Jens Schöne (Stellvertretender Berliner Landesbeauftragter für die Stasi-Unterlagen).

grafie vor und nach 1945, aber auch für den heutigen Umgang damit. Die Bemühungen zur umfassenden Darstellung seiner Person und Tätigkeit werden daher über das vorliegende Heft hinaus fortgesetzt.

2. Biografische Prägungen 1903-1938: Kindheit, Jugend, Studium, erste Berufstätigkeit und Promotion

Walter Linse wurde am 23. August 1903 in Chemnitz geboren. Der Vater Max Linse war Postsekretär. Walter Linse soll eine Schwester namens Charlotte gehabt haben. Konfessionell gehörte er der evangelisch-lutherischen Kirche an.[16] Besonderheiten aus dem Elternhaus sind nicht überliefert. Nach der Volksschule besuchte Walter Linse die Real- und danach die Oberrealschule. Dort machte er Ostern 1924 das Abitur. Dieser Weg bis zum Abitur war für den Sohn eines „kleinen Beamten" durchaus keine Selbstverständlichkeit. Denn das bürgerliche Bildungsmonopol war zu dieser Zeit noch ungebrochen. Als Postsekretär gehörte der Vater zwar dem mittleren Dienst an, aber zählte nicht zum Besitz- und Bildungsbürgertum, dem Abitur und Studium vorbehalten waren. Die Dienstlaufbahnen der Post hatten wie überall in der öffentlichen Verwaltung eine streng hierarchische Struktur. Als mittlerer Beamter konnte der Vater die Familie gewiss ernähren. Aber „große Sprünge" waren für die Familie Linse nicht „drin". Und so stellte es durchaus eine Besonderheit dar, dass der Sohn die Höhere Schule besuchen und erfolgreich abschließen konnte.

Aus der Schulzeit an der Städtischen Oberrealschule Wielandstraße in Chemnitz ist ein Aufsatz überliefert, den Linse mit 17 Jahren am 4. Oktober 1920 verfasste. Unter dem Titel „Über mich selbst" stilisierte er sich darin zum Einzelgänger, dem „der heitere Frohsinn des Lebens vollkommen fehlt ...".[17] Die düstere Weltsicht des Einzelgängers verband sich mit seinen Leiden an Deutschlands Schicksal: „Im Großen und Ganzen geriet ich in diese Lage, weil Deutschland geteilt ist. Ich wollte meinem Vaterland helfen." Damit spielte Linse wohl auf die Gebietsverluste und die Besetzung des Rheinlands nach dem verlorenen Ersten Weltkrieg an. Sein

16 Kirsch, Walter Linse, S. 12.
17 Zitiert nach ebd.

Wunsch war es, „das Sittliche in der Welt zu verwirklichen". Und Linses dunkle Gedanken kulminierten in dem Wunsch, dass sein Grabstein dereinst mit dem Satz geschmückt sein sollte: „Er wollte seines Volkes Bestes!" So strebte er nach dem „Bewusstsein in meiner Todesstunde, dass mein Grab dereinst mit diesem Denkmal geschmückt werden wird"[18].

Diese ebenso morbid-idealistischen wie vaterländisch-hypertrophen Äußerungen eines 17-Jährigen dürfen gewiss nicht überbewertet werden, wie schon Wolfgang Schuller mit Recht bemerkt hat.[19] Aber sie korrespondierten mit dem Lebensgefühl einer Generation, deren Angehörige im ersten Jahrfünft des 20. Jahrhunderts geboren wurden. In der Täterforschung zum Nationalsozialismus ist der Teil dieser Alterskohorte, der zum Führungskorps des Reichssicherheitshauptamtes avancieren sollte, als „Generation des Unbedingten" bezeichnet worden.[20] Ihre Angehörigen hatten in der Kindheit noch den trügerischen Glanz des Wilhelminismus erlebt, teilten die unheilvolle Kriegsbegeisterung des Jahres 1914 mit ihren alldeutschen Phantastereien, fieberten an Hand der Kriegsberichte bei allen Schlachten und Gefechten mit und erlebten dann einen totalen Krieg, der auch an der Heimatfront Hunger, Not und Elend bedeutete. Es folgte Deutschlands militärische Niederlage, die man sich nicht eingestehen wollte. Weite Teile der deutschen Jugend glaubten nur zu gern an die „Dolchstoßlegende", nach der Sozialdemokraten, Pazifisten und Juden „der kämpfenden Front in den Rücken gefallen" waren. Die Niederlage und die „Schmach von Versailles" wurden mit dem Gefühl „völkischer" Überlegenheit kompensiert. Es speiste sich aus antisemitischen, rassistischen und sozialbiologistischen Ressentiments, die sich schon vor 1914 verbreitet hatten.

Inwieweit Walter Linse ein Protagonist dieser Entwicklung war, lässt sich wegen der Quellenlage nicht eruieren. Seine soziale Herkunft spricht da-

18 Zitiert nach Wolfgang Schuller, Walter Linse, in: Karl-Wilhelm Fricke/Peter Steinbach/Johannes Tuchel (Hrsg.), Opposition und Widerstand in der DDR. Politische Lebensbilder, München 2002, S. 289-294, hier: S. 294.

19 So Schuller, Walter Linse, S. 293.

20 Siehe Michael Wildt, Generation des Unbedingten. Das Führerkorps des Reichssicherheitshauptamtes, Hamburg 2002. Auf die besondere Prägung der zwischen 1900 und 1905 geborenen Jahrgänge hatte erstmals hingewiesen: Ulrich Herbert, Best. Biographische Studien über Radikalismus, Weltanschauung und Vernunft, 1903-1989, Bonn 1996.

für, dass er sich nicht exponiert, sondern eher angepasst hat. Wahrscheinlich aufgrund des doppelten Schulwechsels von der Volks- zur Realschule und weiter zur Oberrealschule machte Walter Linse das Abitur erst mit 20 Jahren. Er nahm noch im selben Jahr im nahegelegenen Leipzig das Studium der Rechtswissenschaften auf. Im Gegensatz zu seinen Kommilitonen aus begüterten Elternhäusern, die im Verlauf des Jura-Studiums damals in der Regel jedenfalls drei Universitäten besuchten, absolvierte Walter Linse die gesamte universitäre Ausbildung in Leipzig. Es liegt auf der Hand, dass dafür finanzielle Gründe ausschlaggebend waren. Denn eine staatliche Unterstützung für das Studium gab es nicht, so dass Linse auf die Hilfe des Elternhauses angewiesen blieb. Schon während des Studiums zeigte er Interesse an wirtschaftlichen Fragen und Zusammenhängen, indem er Lehrveranstaltungen zur Volkswirtschaftspolitik und zur Handelsstatistik besuchte.[21] Im Übrigen scheint es ihm die Juristerei durchaus angetan zu haben. Nach nur sieben Semestern legte er die erste Staatsprüfung ab. Das war auch bei den kürzeren Studienzeiten jener Jahre durchaus flott.

Die Schmisse im Gesicht Walter Linses legen den Schluss nahe, dass er einer schlagenden Studentenverbindung angehörte. Auch das könnte im Zusammenhang mit seiner sozialen Situation gestanden haben. Denn die Burschenschaften boten ihren Mitgliedern bekanntlich nicht nur karrierefördernde Netzwerke, sondern oft auch eine günstige Unterkunft während des Studiums. Dabei zählten gerade die schlagenden Verbindungen in den zwanziger Jahren zur Speerspitze der „völkischen Bewegung“. So führten viele Burschenschaften lange vor 1933 den „Arierparagraphen“ ein – und schlossen Juden aus ihren Reihen aus. Der Zeitgeist an den Universitäten war schon vor 1933 antisemitisch, chauvinistisch und antidemokratisch.[22] Die Entwicklung der Weimarer Republik wurde als eine einzige Abfolge von wirtschaftlichen Katastrophen und nationalen Niederlagen erlebt. Das galt für die Inflation 1923, die vor allem die Sparguthaben des Bürgertums und der „kleinen Leute“ vernichtete. Es galt für die Stellung Deutschlands in der Welt nach dem Frieden von Versailles, der weitere militärische, territoriale und koloniale Konflikte ausschließen sollte. Und das galt be-

[21] Angaben nach Kirsch, Walter Linse, S. 13.

[22] Michael H. Kater, Studentenschaft und Rechtsradikalismus in Deutschland 1918-1933, Hamburg 1975.

sonders für die Weltwirtschaftskrise, die zu einem heute kaum noch vorstellbaren Massenelend führte, das mit einem scheinbaren Versagen der demokratischen Institutionen und der Politik einherging. So verfestigten sich in der Generation Linses rechtsextreme Auffassungen.

Kurz nach dem ersten Staatsexamen wurde Walter Linse 1927 Rechtsreferendar. Den „juristischen Vorbereitungsdienst" absolvierte er in Chemnitz, Stollberg und Leipzig, also in seiner sächsischen Heimat. Auf die Unterstützung des Elternhauses blieb er auch als Referendar angewiesen. Denn Vergütungen oder Unterhaltszahlungen für Referendare gab es nicht. Am 18. April 1931 legte Linse in Dresden das zweite juristische Staatsexamen ab. Anschließend blieb er als Assessor (Absolvent der höheren Laufbahnprüfungen, heute: Richter auf Probe) im sächsischen Justizdienst. Er arbeitete zunächst als Hilfsrichter in Stollberg. Im Mai 1933 wurde er an das Amtsgericht Leipzig versetzt. Als Assessor verfügte er endlich über ein hinreichendes Einkommen. Doch Ende 1933 folgte der Abschied aus dem Justizdienst. Die politischen Überprüfungen im Gefolge der NS-Machtübernahme waren zu dieser Zeit abgeschlossen. Aber in Sachsen gab es Ende 1933 noch immer einen Juristenüberhang. Die dienstlichen Beurteilungen Linses waren nicht schlecht, aber auch nicht überragend. So hieß es über ihn, er sei „ein befähigter, sehr gut, praktisch und zuverlässig arbeitender Richter". Doch an anderer Stelle hieß es auch: „Seine praktischen Leistungen sind gut, wenn auch nicht frei von Mängeln."[23] Wohl wegen dieser Beurteilungen sollte Linse nicht weiter beschäftigt werden, was ihn dann selbst zur Kündigung veranlasste. Damit begannen unstete Zeiten. So soll Linse sich als Bürgermeister beworben haben, arbeitete aber vor allem als Rechtsanwalt in Chemnitz und Umgebung.[24]

Das befriedigte Linse beruflich aber nicht. Er strebte wohl vielmehr eine Tätigkeit im öffentlichen Dienst an. Nun war es möglicherweise sein „Einzelgängertum", das ihm zum Verhängnis wurde. Denn im Gegensatz zu karrierebewussten Altersgenossen war Linse der NSDAP 1933 nicht beigetreten. Andernfalls hätten sich ihm gute berufliche Möglichkeiten geboten. Das gilt für die Justiz, wo Parteigenossen damals erstaunliche Karrieren machen konnten. So verdankte Linses zeitweiliger Dienstherr, der sächsi-

[23] Zitiert nach Kirsch, Walter Linse, S. 16.
[24] Angaben nach ebd.

sche Justizminister Otto Georg Thierack aus Wurzen, sein Amt allein der NSDAP. Denn Thierack war – auch im Gegensatz zu Linse – ein nur sehr mäßig befähigter Jurist. Gleichwohl sollte er 1935 zum Präsidenten des Volksgerichtshofs in Berlin aufrücken und im August 1942 von Hitler zum letzten Reichsjustizminister ernannt werden. Im Berliner Ministerium erhielt Thierack, der mit seiner Vollglatze am liebsten in SA-Uniform und Reiterstiefeln herumstolzierte, auch aufgrund seiner beschränkten Kenntnisse und Fähigkeiten den Spitznamen „Neandertaler". Doch er machte nicht nur aus dem Volksgerichtshof ein Instrument der nationalsozialistischen Menschenvernichtung, sondern richtete die gesamte Justiz so aus.[25]

Aber auch in anderen Bereichen boten sich 1933/34 für junge und einsatzbereite Juristen große Chancen. So versammelte Heydrichs Stellvertreter Dr. jur. Werner Best zu dieser Zeit junge Assessoren aus der „Generation des Unbedingten" um sich. Von Heydrich als „Assessoren-Zirkus" bespöttelt, wuchs hier die Führungsriege des späteren Reichssicherheitshauptamtes heran, aus der sich die Leiter der Einsatzgruppen und -kommandos, die Inspekteure, Kommandeure und Befehlshaber der Sicherheitspolizei und des SD[26] sowie die Gestapostellen-Leiter rekrutieren sollten. Sie führten beinahe alle Deportations-, Ausrottungs- und Vernichtungsoperationen des nationalsozialistischen Regimes durch. Aus jungen, humanistisch gebildeten und in der Regel promovierten Juristen wurden binnen weniger Jahre

[25] Zum Volksgerichtshof siehe vor allem: Klaus Marxen, Das Volk und sein Gerichtshof. Eine Studie zum nationalsozialistischen Volksgerichtshof, Frankfurt a.M. 1994; Holger Schlüter, Die Urteilspraxis des nationalsozialistischen Volksgerichtshofs, Berlin 1995. Zur Justizentwicklung unter Thierack (mit Fotos) siehe Klaus Bästlein, Vom hanseatischen Richtertum zum nationalsozialistischen Justizverbrechen. Zur Person und Tätigkeit Curt Rothenbergers, in: Klaus Bästlein/Helge Grabitz/Wolfgang Scheffler (Red.), „Für Führer, Volk und Vaterland ..." Hamburger Justiz im Nationalsozialismus, Hamburg 1992, S. 74-145.

[26] SD = Sicherheitsdienst der SS. Ursprünglich handelte es sich um einen parteiinternen Nachrichtendienst der NSDAP. Er wurde 1931 von Heydrich geschaffen und blieb ihm bis 1942 unterstellt. Ab 1935 erfolgte die „Verschmelzung" mit der staatlichen Sicherheitspolizei. Der SD war maßgeblich an Aufstellung und Ausrüstung der Einsatzgruppen beteiligt. Nach 1945 wurden viele SD-Angehörige über die „Organisation Gehlen" vom Bundesnachrichtendienst (BND) übernommen.

fanatische Organisatoren des Massenmords. Die amerikanischen Militärrichter im Nürnberger „Einsatzgruppenprozeß" 1948 konnten ihr Entsetzen über diese Elite des Terrors kaum verbergen: „Die Angeklagten sind keine ungebildeten Wilden, ... Acht sind Juristen, einer Universitätsprofessor, ein anderer Zahnarzt und wieder ein anderer Kunstsachverständiger ... Es war in der Tat eine der vielen bemerkenswerten Seiten dieses Prozesses, dass die Schilderung ungeheurer Greueltaten ständig mit den akademischen Titeln der als ihre Täter genannten Personen durchsetzt war."[27]

Linse nahm nicht den Weg zum Führerkorps des Reichssicherheitshauptamtes. Aber auch ihn konnte das rechtsextreme Weltbild seiner Generation nicht unberührt lassen. Als Mitglied einer schlagenden Verbindung muss Linse davon jedenfalls vieles internalisiert haben. Denn sonst hätte er sich dort kaum halten können. Nachdem er nicht von der Justiz übernommen worden war, strebte Walter Linse nach akademischen Titeln und Ehrenzeichen. Das sollte ihm auch das berufliche Fortkommen erleichtern. So arbeitete er in den Jahren ab 1934 vor allem an seiner Dissertation zum Thema „Der untaugliche Versuch und das Rechtsgefühl des Volkes. Eine dogmatische und empirische Studie". Der „untaugliche Versuch" ist dabei in der Praxis ebenso irrelevant wie er seit über 150 Jahren an den juristischen Fakultäten einen geradezu klassischen Topos der strafrechtlichen Schulung bildet. Dabei geht es um die Frage, wie eine mit untauglichen Mitteln ausgeführte Handlung zu beurteilen ist, z.B. die versuchte Tötung mit Hilfe einer harmlosen Substanz, die der Täter aber für tödlich hielt. Neuartig an der Arbeit Linses war der Bezug auf „das Rechtsgefühl des Volkes" und die insoweit empirisch angelegte Untersuchung.[28] In jedem Fall aber war diese Dissertation etwas Besonderes, denn empirische Untersuchungen stellten in der Rechtswissenschaft damals wie heute Ausnahmen dar. Und juristische Dissertationen fielen - damals noch mehr als heute – oft so oberflächlich aus, dass sie in wenigen Monaten gefertigt werden konnten und wissenschaftlich nie rezipiert wurden.

[27] Zitiert nach Ulrich Herbert, Best, S. 13f.

[28] Dazu befragte Linse 500 Menschen „in methodisch skrupulöser Weise" und kam zu „sehr differenzierten Ergebnissen", so jedenfalls Wolfgang Schuller. Er soll sich auch der NS-Weltanschauung nicht über „Lippendienste" hinaus angepasst haben. Siehe Schuller, Walter Linse, S. 293.

Die Promotion zum „Dr. jur." erfolgte 1938 an der Universität Leipzig. Walter Linse zeichnete fortan auch mit seinem Titel als „Dr. Linse". Mit 35 Jahren stellte der Sohn aus „kleinen Verhältnissen" nun etwas dar. Nur kurze Zeit nach der Promotion fand er auch die gewünschte Anstellung im öffentlichen Dienst, nämlich bei der Industrie- und Handelskammer (IHK) Chemnitz. Hier konnte er seine juristischen Fähigkeiten mit wirtschaftlichen Interessen verbinden und weitgehend selbstständig arbeiten. Wie die meisten Juristen, so gründete auch Walter Linse nach der Festanstellung eine eigene Familie, indem er am 14. März 1942 Helga Heymann heiratete – die Tochter des Rechtsrates (also des Justitiars) der Stadt Chemnitz Dr. jur. Albert Heymann.[29] Indem er eine Frau aus dem etablierten Bürgertum heiratete, unterstrich Linse seinen eigenen sozialen Aufstieg in diese Schicht. Er war das wohl prägendste Element in den ersten 35 Lebensjahren Walter Linses – der Aufstieg aus den kleinen Verhältnissen der mittleren Beamtenschaft in die höheren Kreise des Besitz- und Bürgertums seiner Heimatstadt mit einer festen Anstellung im öffentlichen Dienst, einem Doktortitel und einer Frau aus eben den „höheren Kreisen".

3. Die „Arisierung": Von „wilden" Aktionen zum staatlichen System

Die zeitgeschichtliche Forschung hat sich mit der Verdrängung der Juden aus der deutschen Wirtschaft erst sehr spät befasst. Im öffentlichen Bewusstsein der Deutschen ist sie kaum verankert. Wohl fand die „Arisierung" schon in den Standardwerken zur Vernichtung der europäischen Juden von Wolfgang Scheffler und Raul Hilberg aus den sechziger Jahren Erwähnung,[30] und Helmut Genschel, Uwe-Dietrich Adam und Avraham Barkai legten in der Folgezeit weiterführende Darstellungen vor.[31] Doch

29 Angaben nach Kirsch, Walter Linse, S. 43.

30 Wolfgang Scheffler, Judenverfolgung im Dritten Reich, Berlin 1964; Raul Hilberg, Die Vernichtung der europäischen Juden. Die Gesamtgeschichte des Holocaust, Berlin 1982.

31 Helmut Genschel, Die Verdrängung der Juden aus der Wirtschaft im Dritten Reich, Göttingen 1966; Uwe-Dietrich Adam, Judenpolitik im Dritten Reich,

erst in den neunziger Jahren setzte eine umfassendere Forschung ein – und zwar einerseits zur Rolle der Banken und Versicherungen sowie andererseits im lokalen Kontext. Hinsichtlich der Banken und Versicherungen sind vor allem die Arbeiten von Harold James zur Deutschen Bank, von Harald Wixforth und Klaus-Dietmar Henke zur Dresdener Bank, von Gerald D. Feldmann zur Allianz-Versicherung und von Bernhard Lorentz zur Commerzbank zu nennen.[32] Im lokalen Zusammenhang ist neben der Pionierarbeit von Frank Bajohr über Hamburg auf die Arbeiten von Wolfram Selig zu München und Britta Bopf zu Köln hinzuweisen.[33] Mittlerweile erschien auch eine Sammlung mit Beiträgen zur „Arisierung“ in Berlin.[34]

Die „Arisierungen“ setzten mit der nationalsozialistischen Machtübernahme 1933 in Deutschland ein. Von nun an war es erklärtes Ziel der deutschen Politik, die Juden aus dem Wirtschaftsleben auszuschalten. Außernormativer Terror und staatliches Handeln gingen dabei eine merkwürdige Symbiose ein. Das zeigte sich schon beim „Judenboykott“ am 1. April 1933, den Partei und SA organisierten, während Behörden und Polizei untätig blieben. Schon der Boykott führte mancherorts zum Judenmord. In der Folgezeit konnten NSDAP-Dienststellen und nachgeordnete Behörden, aber auch Glücksritter und Spekulanten nahezu nach Belieben Druck auf

---

Düsseldorf 1972; Avraham Barkai, Vom Boykott zur „Entjudung“. Der wirtschaftliche Existenzkampf der Juden im Dritten Reich, Frankfurt a.M. 1987.

32 Harold James, Die Deutsche Bank und die „Arisierung“, München 2001; Harald Wixforth, Auftakt zur Ostexpansion. Die Dresdener Bank und die Umgestaltung des Bankwesens im Sudetenland, Dresden 2001; Klaus-Dietmar Henke, Die Dresdener Bank im Dritten Reich, München 2006; Gerald D. Feldman, Die Allianz und die deutsche Versicherungswirtschaft 1933-1945, München 2001; Bernhard Lorentz, Die Commerzbank und die „Arisierung“ im Altreich. Ein Vergleich der Netzwerkstrukturen und Handlungsspielräume von Großbanken in der NS-Zeit, in: Vierteljahrshefte für Zeitgeschichte, Jg. 50/2002, S. 237-268.

33 Frank Bajohr, „Arisierung“ in Hamburg. Die Verdrängung der jüdischen Unternehmer 1933-1945, Hamburg 1997; Wolfram Selig, „Arisierung“ in München. Die Vernichtung jüdischer Existenz 1937-1939, Berlin 2004; Britta Bopf, „Arisierung“ in Köln, Die wirtschaftliche Existenzvernichtung der Juden 1933-1945, Köln 2004.

34 Christof Biggeleben / Beate Schreiber, Kilian J. L. Steiner, „Arisierung“ in Berlin, Berlin 2007.

jüdische Geschäftsinhaber, Fabrikanten und Grundeigentümer ausüben, um sich deren Besitz zu verschaffen. „Alte Kämpfer“ und Parteifunktionäre wurden die größten Profiteure. Die vorgebliche „Schonzeit“ für Juden von 1935 bis 1937 war oft eine Jagdzeit für kleine Nazis. Dagegen richteten sich Anordnungen und Weisungen zentraler Stellen. Denn die Funktionstüchtigkeit der Wirtschaft sollte nicht beeinträchtigt werden. Auch gab es Fälle, wo noch halbwegs korrekte Preise an die jüdischen Eigentümer gezahlt wurden. Insgesamt war und ist die Situation sehr unübersichtlich und durch die Besonderheiten jedes Einzelfalls geprägt. Die Vorgänge bis 1938 werden daher zu Recht als „wilde Arisierung“ bezeichnet.[35]

Ein keineswegs untypischer Fall für diese Phase der „Arisierung“ spielte sich 1933/34 in Marwitz nördlich von Berlin ab, wo die bekannte Keramikerin Hedwig Bollhagen (1907-2001) eine Töpferei aus jüdischem Besitz übernahm.[36] Die Vorbesitzerin Margarete Heymann-Loebenstein musste Marwitz 1933 verlassen, nachdem sie von der eigenen Belegschaft wegen ihrer jüdischen Herkunft angegriffen und denunziert worden war. Kaufinteressenten schlugen vor, ihrem Vertreter bei den Verhandlungen „evtl. anzudeuten, dass auch schließlich andere Schritte unternommen werden können, um diesen nichtarischen Personen entgegenzutreten“. Am 26. April 1934 kaufte dann das NSDAP-Mitglied Heinrich Schild, Generalsekretär des Reichsstands des Deutschen Handwerks und ein Freund Bollhagens, den Betrieb zu einem Spottpreis von 45.000 RM. Vier Tage später setzte Bollhagen die Produktion fort.[37] Nicht anders verlief die „wilde Arisierung“ bei größeren Betrieben. Bekannt ist der Fall der Waffenfabrik Simson in Suhl (Thüringen). Der Eigentümer wurde im Mai 1935 verhaftet, weil er den angebotenen Kaufpreis nicht akzeptieren wollte. Schließlich verfügte Hitler im Dezember 1935 die entschädigungslose Enteignung durch Gauleiter Fritz Sauckel. Und in Hamburg wurden die Direktoren eines großen Kaufhauses wegen „Rassenschande“ vor Gericht

35 Vgl. Avraham Barkai, Vom Boykott zur „Entjudung“, S. 80f.

36 Siehe jetzt Simone Ladwig-Winters, Gutachten zu den „Arisierungs“-Vorwürfen gegen Hedwig Bollhagen, Zentrum für Zeithistorische Forschung, Potsdam 2008.

37 Schild saß ab 1953 für die CDU im Bundestag und im Europaparlament. Angaben nach „Tiefe Kratzer am Leben einer Legende“, in: Der Tagesspiegel vom 1.3.2008, und „Kopiert und Enteignet“, in: Die Welt vom 22.3.2008.

gestellt. Nach dem Freispruch demonstrierte dann „das aufgebrachte Volk" so lange vor dem Geschäft, bis die Besitzer zur „Arisierung" bereit waren.[38]

Die deutsche Justiz richtete eine beispiellose Rechtsverwüstung an. Schon 1936 sprach das Reichsgericht in Leipzig den Juden ab, überhaupt Personen im Rechtssinne zu sein. Dabei ging es um den damals bekannten Filmregisseur Eric Charell, der im Februar 1933 mit der UFA einen Regievertrag abgeschlossen hatte. Die UFA konnte von diesem Vertrag zurücktreten, falls Charell „durch Krankheit, Tod oder ähnlichen Grund nicht zur Durchführung seiner Regietätigkeit im Stande" sein sollte. Als kurz darauf der Antisemitismus in Deutschland Staatsdoktrin wurde, trat die UFA vom Vertrag zurück. Das Reichsgericht hatte am 23. Juni 1936 zu entscheiden, ob die UFA dazu aufgrund der jüdischen Herkunft Charells berechtigt war. Das bejahte das höchste deutsche Gericht und führte aus: „Die frühere (liberale) Vorstellung vom Rechtsinhalt der Persönlichkeit machte keine grundsätzlichen Wertunterschiede nach der Gleichheit oder Verschiedenheit des Blutes ... Der nationalsozialistischen Weltanschauung dagegen entspricht es, im Deutschen Reiche nur Deutschstämmige (und gesetzlich ihnen Gleichgestellte) als rechtlich vollgültig zu behandeln. ... Den Grad völliger Rechtlosigkeit stellte man ehedem, weil die rechtliche Persönlichkeit ganz zerstört sei, dem leiblichen Tode gleich; die Gebilde des ‚bürgerlichen Todes' und des ‚Klostertodes' empfingen ihre Namen aus dieser Vergleichung. Wenn im ... Vertrag vom 24. Februar 1933 davon die Rede ist, dass Charell ‚durch Tod, Krankheit oder ähnlichen Grund nicht zur Durchführung seiner Regietätigkeit imstande sein sollte', so ist unbedenklich eine aus gesetzlich anerkannten rassepolitischen Gesichtspunkten eingetretene Änderung in der rechtlichen Geltung der Persönlichkeit dem gleichzusetzen."[39] Das höchste deutsche Gericht hatte damit den bürgerlichen Tod der noch 600.000 in Deutschland lebenden Juden verkündet.

Doch damit nicht genug: Das Kölner Verwaltungsgericht sprach Juden schon 1935 das Recht auf Gewerbefreiheit ab, da sie „als unzuverlässig gelten und daher ausgeschaltet werden müssten". Zwar hob das Preußische

38 Siehe Barkai, Vom Boykott zur „Entjudung", S. 85.

39 Zitiert nach Ernst Fraenkel, Der Doppelstaat. Recht und Justiz im Dritten Reich, Frankfurt a.M. 1974, S. 126f. (amerikanische Originalausgabe 1941).

Oberverwaltungsgericht diese Entscheidung noch auf. Aber ein Jahr später gab es den Rechtsschutz für Verfolgte vollständig preis, indem es verkündete: „Maßnahmen der Gestapo sind der gerichtlichen Nachprüfung entzogen." Doch nicht nur das Reichsgericht und die Verwaltungsgerichte versagten, sondern auch die unteren und mittleren Instanzen der Zivilgerichte – z.B. beim Mieterschutz. So bestritt das Amtsgericht Charlottenburg in Berlin Juden das Recht, mit öffentlichen Mitteln errichtete Wohnungen zu mieten. Und das Amtsgericht Schöneberg in Berlin erklärte, dass Juden auch nicht als Mitglieder der Hausgemeinschaft anzusehen seien, da sie „nicht Mitglieder der Volksgemeinschaft" sind. Das Landgericht Berlin ging noch weiter, wenn es erklärte: „Das hier streitige Problem kann überhaupt nicht durch die Auslegung des Mietschutzgesetzes gelöst werden. Seine Bedeutung greift über den Rahmen des Mietschutzgesetzes weit hinaus. Es handelt sich nicht um eine Frage, die durch Auslegung des Mietschutzgesetzes gelöst werden kann, sondern um eine weltanschauliche Frage."[40] Damit war jede nachvollziehbare Begründung obsolet. Am schlimmsten aber trieben es Staatsanwaltschaften und Strafgerichte – z.B. bei der Verfolgung der „Rassenschande". Es reichte Richtern und Staatsanwälten nämlich aus, dass nur der vollendete Geschlechtsverkehr strafbar war. Sie ließen bald sexuelle Ersatzhandlungen, dann bloße Berührungen und schließlich selbst den Blickkontakt ausreichen, um wegen „Rassenschande" hohe Freiheits- und sogar Todesstrafen zu verhängen.[41]

Die Justiz eilte dem nationalsozialistischen Gesetzgeber damit voraus. Im Zuge der ersten Phase der „Arisierungen" bis Ende 1934 waren schätzungsweise gut 20 Prozent der jüdischen Betriebe „arisiert" worden. In der scheinbar ruhigeren zweiten Phase bis Ende 1937 wurden schätzungsweise weitere 20 Prozent „arisiert".[42] Anfang 1938 bestanden also noch knapp 60 Prozent der Anfang 1933 in Deutschland vorhandenen jüdischen Betriebe. Generell lässt sich feststellen, dass die Preise, die die verdrängten jüdischen Eigentümer erzielen konnten, im Verlauf der Jahre immer geringer wurden. Ab Ende 1937 spitzte sich die Situation wieder zu und führte

[40] Zitate und Angaben nach ebd., S. 121-125.

[41] Siehe Hans Robinsohn, Justiz als politische Verfolgung. Die Rechtsprechung in „Rasseschandefällen" beim Landgericht Hamburg 1936-43, Stuttgart 1977.

[42] Angaben nach Barkai, Vom Boykott zur „Entjudung", S. 80.

ab 1938 zur staatlich organisierten Vernichtung der jüdischen Existenzen. Als Katalysator scheinen die nach dem „Anschluss“ am 11. März 1938 in Österreich gesammelten Erfahrungen gewirkt zu haben, wo die „Eichmann-Männer“ die „Entjudung“ regelrecht durchpeitschten.[43] Hermann Göring, bei dem 1938 als „Bevollmächtigtem für den Vierjahresplan“ die Fäden zusammenliefen, sah darin ein Vorbild für das „Altreich“. Die Juden hatten weitere Verschlechterungen zu gewärtigen. Ernst Fraenkel stellte dazu schon 1938 fest: „Die völlige Unterwerfung der Juden unter die Herrschaft des Maßnahmestaats wurde in dem Augenblick vollzogen, in dem die Ausmerzung der Juden aus dem Wirtschaftsleben beschlossen wurde.“[44]

Die staatlich organisierte Vernichtung der verbliebenen jüdischen Existenzen setzte 1938 ein. Dazu wurden in rascher Folge neue normative Grundlagen geschaffen. Am 22. April erging zunächst die „Verordnung gegen die Unterstützung der Tarnung jüdischer Gewerbebetriebe“.[45] Danach war die Verschleierung des „jüdischen Charakters eines Gewerbebetriebes“ ebenso mit Zuchthaus bedroht wie die rechtsgeschäftliche Vertretung eines Juden ohne entsprechenden Hinweis. Vier Tage später, am 26. April 1938, folgte die „Verordnung über die Anmeldung des Vermögens der Juden“.[46] Danach hatte jeder Jude bis zum 30. Juni 1938 sein Vermögen bei der höheren Verwaltungsbehörde anzumelden, wenn es den Wert von 5.000 RM überstieg. Über ihr Vermögen durften Juden fortan nur noch im „Rahmen einer angemessenen Lebensführung oder des regelmäßigen Geschäftsverkehrs“ verfügen. Weitergehende Verfügungen, also auch „Arisierungen“ waren fortan genehmigungspflichtig. Der „Bevollmächtigte für den Vierjahresplan“ wurde ermächtigt, „die Maßnahmen (zu) treffen, die notwendig sind, um den Einsatz des anmeldepflichtigen Vermögens im Einklang mit den Belangen der deutschen Wirtschaft sicherzustellen“. Verstöße gegen die Anmeldepflicht wurden mit Gefängnis bedroht.

43 Hans Safrian, Beschleunigung der Beraubung und Vertreibung. Zur Bedeutung des „Wiener Modells“ für die antijüdische Politik des „Dritten Reiches“, in: Constantin Goschler / Jürgen Lillteicher (Hrsg.), „Arisierung“ und Restitution. Die Rückerstattung jüdischen Eigentums in Deutschland und Österreich nach 1945 und nach 1989, Göttingen 2002, S. 70-86.

44 Fraenkel, Der Doppelstaat, S. 120.

45 Reichsgesetzblatt, Teil I, S. 404 (im folgenden: RGBl. I, S. 404).

46 RGBl. I, S. 414f.

Am 14. Juni 1938 erging dann die „Dritte Verordnung zum Reichsbürgergesetz“.[47] Sie beinhaltete zunächst Bestimmungen darüber, welche Gewerbebetriebe als „jüdisch“ anzusehen waren.[48] Weiter wurde die Anlage eines offiziellen Verzeichnisses der „jüdischen Gewerbebetriebe“ verordnet. Der Reichsinnenminister bestimmte die verzeichnisführenden Behörden. Gegen die Eintragung konnte Beschwerde erhoben werden. In die Verzeichnisse durfte jedermann Einsicht nehmen. Der Reichswirtschaftsminister wurde ermächtigt, Anordnungen darüber zu treffen, „dass Gewerbebetriebe, die in das Verzeichnis eingetragen sind, von einem noch zu bestimmenden Zeitpunkt ab ein besonderes Kennzeichen führen müssen.“ Am 6. Juli 1938 folgte das „Gesetz zur Änderung der Gewerbeordnung für das Deutsche Reich“[49]. Danach wurde Juden eine Betätigung im Bewachungsgewerbe und im Immobilienhandel sowie jegliche Vertretertätigkeit verboten. Weiterhin durften Juden keine neuen Gewerbegenehmigungen mehr erteilt werden. Vor allem das Verbot jeder Vertretertätigkeit traf viele kleine jüdische Händler und Reisende, die damit ihre Existenz verloren.

Am 12. November 1938 folgte Görings „Verordnung über eine Sühneleistung der Juden deutscher Staatsangehörigkeit“. Sie legte den Juden in zynischer Weise für das gegen sie verübte Pogrom am 9. November 1938 eine „Kontribution“ in Höhe von einer Milliarde RM auf.[50] Noch am selben Tag folgte die „Verordnung zur Ausschaltung der Juden aus dem deutschen Wirtschaftsleben“, die große Bedeutung für die „Arisierung“ hatte.[51] Denn nach dieser Vorschrift wurde Juden jede selbstständige wirtschaftliche Betätigung ab 1. Januar 1939 untersagt. Jüdische Betriebe waren im Zweifelsfall „polizeilich zu schließen“. Leitenden Angestellten jüdischer Herkunft sollte binnen sechs Wochen gekündigt werden. Jüdische Mitglieder von Genossenschaften schieden zum 31. Dezember 1938 aus. Die

47 RGBl. I, S. 627f.

48 Betriebe sollten demnach als jüdisch gelten bei jüdischen Geschäftsinhabern, bei Kommandit- und offenen Handelsgesellschaften mit einem oder mehreren persönlich haftenden jüdischen Geschäftsführern, bei juristischen Personen, wenn sie von Juden vertreten wurden, bei einer entscheidenden jüdischen Beteiligung am Kapital oder bei einem sonstigen „beherrschenden Einfluss“ von Juden.

49 RGBl. I, S. 823f.

50 RGBl. I, S. 1579.

51 RGBl. I, S. 1580.

„Überführung eines jüdischen Gewerbebetriebes in nichtjüdischen Besitz" konnte „in besonderen Fällen zur Sicherstellung des Bedarfs" erfolgen. Eine dritte „Verordnung zur Wiederherstellung des Straßenbildes bei jüdischen Gewerbebetrieben" vom 12. November 1938 bestimmte, dass alle Pogromschäden „an jüdischen Gewerbebetrieben und Wohnungen ... von dem jüdischen Inhaber oder Gewerbetreibenden sofort zu beseitigen" waren.[52]

Am 3. Dezember 1938 erging schließlich die „Verordnung über den Einsatz des jüdischen Vermögens".[53] Danach konnte „dem Inhaber eines jüdischen Gewerbebetriebs ... aufgegeben werden, den Betrieb innerhalb einer bestimmten Frist zu veräußern oder abzuwickeln". Damit konnte eine „Arisierung" auch durch Zwangsmittel herbeigeführt werden. Die höheren Verwaltungsbehörden waren befugt, dazu Treuhänder für die Betriebe einzusetzen. Die Anordnung der Veräußerung von jüdischem land- und forstwirtschaftlichem Eigentum war nun ebenfalls möglich. Für Wertpapiere wurde der Zwang zur Aufbewahrung in Bankdepots verfügt. Juwelen, Schmuck und Kunstgegenstände durften von Juden nicht mehr erworben werden. Vor allem aber wurde nun angeordnet, dass die Veräußerung jüdischer Gewerbebetriebe fortan der Genehmigung der höheren Verwaltungsbehörde unterlag. In Preußen und Bayern waren das die Regierungspräsidenten und in Sachsen die Kreishauptmänner, aus denen auch dort am 1. Januar 1939 Regierungspräsidenten wurden. Für Berlin war abweichend der Polizeipräsident und für Hamburg der Reichsstatthalter zuständig.[54]

Dieses 1938 innerhalb von acht Monaten geschaffene Normengeflecht aus acht Verordnungen und Gesetzen bewirkte bis zum Beginn der Deportationen 1941 aus dem Reich die Vernichtung der noch verbliebenen jüdischen Existenzen. Der erste Schritt war die Anmeldung von Vermögen über 5.000 RM, über das fortan nicht mehr frei verfügt werden durfte. Von nun an unterlagen „Arisierungen" einem staatlichen Genehmigungsvorbehalt. Den zweiten Schritt markierte die Erfassung aller jüdischen Betriebe

52 RGBl. I, S. 1581.
53 RGBl. I, S. 1709-1712.
54 Siehe ebd. § 17 in Verbindung mit § 6 der Verordnung über die Anmeldung des Vermögens von Juden vom 26. April 1938.

und Selbstständigen. Der dritte Schritt war das Verbot für Juden, sich wirtschaftlich zu betätigen, das zunächst für Handwerker, Einzelhändler und Vertreter, aber auch Ärzte und Rechtsanwälte galt – mit Ausnahme einiger weniger „Krankenbehandler" (Ärzte) und „Konsulenten" (Anwälte).[55] Der vierte Schritt war die Beseitigung der noch verbliebenen jüdischen Produzenten und der jüdischen Großhändler durch „Arisierung" oder Liquidation. Sie konnte nötigenfalls durch eigens eingesetzte Treuhänder erfolgen und bedurften wiederum der Genehmigung der höheren Verwaltungsbehörde. Der fünfte Schritt war die Einziehung jüdischer Vermögenswerte entweder durch besondere Abgaben bei der Arisierung, durch die „Reichsfluchtsteuer" bei der Auswanderung oder die Einziehung des Restvermögens bei der Deportation. So war es am Ende immer der deutsche Staat, der profitierte.

Das Reichswirtschaftsministerium gab die weitere Entwicklung durch zwei vertrauliche Erlasse vom 18. November 1938 und 6. Februar 1939 vor. Der erste Erlass stellte nochmals klar, dass „Juden vom 1. Januar 1939 ab als Unternehmer aus dem Einzelhandel, dem Handwerk und dem Marktverkehr endgültig ausscheiden". Weiter hieß es: „Jüdische Großhandels- und Fabrikationsbetriebe werden durch die Verordnung zur Ausschaltung der Juden aus dem deutschen Wirtschaftsleben vom 12. November 1938 vorläufig nicht betroffen."[56] Im zweiten Erlass hieß es dann, dass nach dem Ausscheiden der „Juden aus dem gesamten Einzelhandel, dem selbstständigen Handwerk und dem Marktbetrieb" nunmehr jüdische „Betriebe des Großhandels und der Industrie ... in volkswirtschaftlich vernünftiger Weise entjudet werden". Es sollte aber noch keine „zwangsweise Gesamtentjudung" des Grundbesitzes erfolgen.[57] Der zweite Erlass stellte klar: „Für die Durchführung der Entjudung ist ... zunächst grundsätzlich festzustellen, dass die Durchführung der gesamten Entjudung Sache der zuständigen

55 Den jüdischen Ärzten wurde mit der Vierten Verordnung zum Reichsbürgergesetz vom 25. Juli 1938 zum 30. September 1938 ihre Approbation entzogen. Den jüdischen Anwälten wurde mit der Fünften Verordnung zum Reichsbürgergesetz vom 27. September 1938 ihre Zulassung entzogen. Vgl. hierzu weiterführend Barkai, Vom Boykott zur „Entjudung", S. 133f.

56 Erlaß des Reichswirtschaftsministers vom 18. November 1938 zum Az. III Jd. 8782/38, in: Staatsarchiv Chemnitz, Akte 702, Bl. 240-242.

57 Erlaß des Reichswirtschaftsministers vom 6. Februar 1939 zum Az. III Jd. 1/2086/39, in: Staatsarchiv Chemnitz, Akte 702, Bl. 134-143.

Verwaltungsbehörde ist. Die Beteiligung der Parteistellen ist im Einvernehmen mit dem Stellvertreter des Führers durch eine weitgehende gutachterliche Anhörung der Gauleiter der NSDAP sichergestellt. Die Entscheidung und Verantwortung liegt jedoch ausschließlich bei den staatlichen Stellen." Erstmals fanden auch die Kammern Erwähnung: „In der Frage der Bewertung sowie der Erhebung und Höhe der Ausgleichszahlung hat sich insbesondere die Industrie- und Handelskammer bei einer Stellungnahme zu dem Genehmigungsantrag eingehend gutachterlich zu äußern."[58]

Bei der „Arisierung" kam also den höheren Verwaltungsbehörden, bei denen es sich ja meist um die Regierungspräsidenten, in Hamburg um den Reichsstatthalter und in Berlin um den Polizeipräsidenten handelte, eine Schlüsselstellung zu. Doch diesen Behörden fehlte der erforderliche wirtschaftliche Sachverstand. Zusätzliches Personal stand für die Verfahren zur „Entjudung" aber nicht zur Verfügung. So schlug zunächst die Stunde der NSDAP-Gauwirtschaftsberater, die z.T. über den Parteiapparat, z.T. aber auch durch eigene Scheinfirmen seit 1937 bei der „Arisierung" mitmischten. Nepotismus und Korruption in einem bis heute kaum bekannten – und erforschten – Ausmaß waren die Folge.[59] Denn unter der Ägide der regionalen NS-Führer wurde die „Arisierung" zum Selbstbedienungsladen für „alte Kämpfer", zweifelhafte Glücksritter und windige Spekulanten. Die Folge waren nicht selten erhebliche wirtschaftliche Probleme. Denn nicht wenige der „Ariseure" aus den Reihen der NSDAP waren finanziell nicht potent oder mit der Führung der Betriebe fachlich überfordert.

Die höheren Verwaltungsbehörden wandten sich daher im Verlauf des Jahres 1938 anderen Institutionen zu, die unter ihrer Aufsicht die „Entjudung" durchführen sollten. Das waren die im regionalen Kontext gut orientierten und mit wirtschaftlichem Sachverstand ausgestatteten Industrie- und Handelskammern. Ihnen wurden überall im Reich in der zweiten Hälfte des Jahres 1938 – bisweilen auch etwas früher oder später – die „Arisierungen" oder Liquidationen der jüdischen Betriebe übertragen. Daran waren die NSDAP-Gauwirtschaftsberater weiter zu beteiligen und durch die Hergabe von besonders lukrativen Betrieben – sogenannten Filetstücken – für „alte Kämpfer" und Parteifunktionäre zu befriedigen. Die eigentliche

58 Ebd.

59 Vgl. nur Bajohr, „Arisierung" in Hamburg, S. 305-314.

Durchführung der „Arisierungen“ aber lag seit Mitte 1938 bei den Kammern unter der Kontrolle der höheren Verwaltungsbehörden mit ihrem umfassenden Genehmigungsvorbehalt. In der Forschung bestehen hier aufgrund der Quellenlage die größten Defizite. Hinzu kommt, dass manche Industrie- und Handelskammern – wie z.B. in München – die eigene Rolle zu beschönigen versucht haben, statt Klarheit zu schaffen.[60]

4. Die Anstellung Walter Linses, die IHK Chemnitz und die jüdische Bevölkerung im dortigen Bezirk

Als neuer Mitarbeiter für die Durchführung der „Arisierung“ wurde im Frühjahr 1938 Walter Linse bei der Industrie- und Handelskammer (IHK) Chemnitz eingestellt. Wieso die Wahl auf ihn fiel, ist aus den erhaltenen Akten nicht ersichtlich. Jedenfalls fand Linse hier einen Posten, der ihn zufriedenstellte. Denn als Referent für die „Entjudung“ bei der IHK Chemnitz konnte er seine juristische Ausbildung einsetzen, seinen wirtschaftlichen Sachverstand anwenden und seine sprachlichen Fähigkeiten zur Geltung bringen. Linse arbeitete dabei sehr selbstständig, was seinem Naturell entsprach. Zudem hatte er als Referent bei einer angesehenen Institution nun auch im gesellschaftlichen Gefüge seiner Heimatstadt einen ansehnlichen Platz und ein gutes finanzielles Auskommen gefunden.

Seinen Dienst verrichtete Walter Linse im 1911/12 neu errichteten Gebäude der IHK Chemnitz, das einen herrschaftlichen Eindruck machte und in der Chemnitzer Bahnhofstraße lag. Der repräsentative Bau wurde bezeichnenderweise 1945 Sitz der sowjetischen Kommandantur und präsentiert sich heute wieder in monumentalem Glanz. Linse wurde als Referent eingestellt. Das entsprach der im öffentlichen Dienst üblichen Position eines Mitarbeiters mit akademischer Ausbildung. Die IHK Chemnitz zählte damals nach der Leitungsebene mit Präsidenten, Vizepräsidenten und Geschäftsführer eine ganze Reihe von Referenten. Hinzu kam eine entspre-

[60] So behauptete die IHK München noch 1990, sie habe sich „nicht zu einem Organ nationalsozialistischer Arisierungspolitik umfunktionieren lassen“. Zitiert nach Wolfram Selig, „Arisierung“ in München, S. 66, der die Apologie der IHK München stichhaltig widerlegt hat.

chende Zahl von Mitarbeitern des gehobenen, mittleren und einfachen Dienstes. „Dr. Linse" rangierte dabei ziemlich weit oben – nämlich bald nach der Leitungsebene. Die Zahl der Mitarbeiterinnen und Mitarbeiter der Kammer dürfte zwischen vierzig und achtzig Personen gelegen haben. Wegen großer Raumnot wurde noch 1939/40 ein Anbau errichtet.[61]

1938 waren die Industrie- und Handelskammern längst keine autonomen Selbstverwaltungsorgane und Interessenvertretungen mehr, sondern nur noch Vollzugsorgane der staatlichen Verwaltung. Seit ihrer Gründung im 19. Jahrhundert hatten die Kammern eine eigenartige Zwitterposition zwischen Selbstverwaltung der Wirtschaft und Ausführung von Verwaltungsaufgaben eingenommen. Im Kaiserreich konnten sie sich als Selbstverwaltungsorgane und Interessenvertretungen der Wirtschaft besonders entfalten.[62] Doch das endete mit dem Ersten Weltkrieg und seiner „zentralen Verteilungswirtschaft". Damit trat der Behördencharakter der Kammern hervor, was sich nach 1918 kaum änderte. Die Kammern blieben vor allem mit „situationsbedingten Verwaltungsaufgaben" befasst. Politisch standen sie weit rechts. So wurde die demokratische Republik als System des „Klassen- und Geschäftsegoismus", des „Materialismus und der Parteiliebedienerei" und der „Rede-Räte-Michels" herabgesetzt. Dagegen verklärten auch die Kammern in ihren Publikationen das „macht- und glanzvolle Kaiserreich".[63] Im weiteren Verlauf der Weimarer Republik engagierten sie sich vor allem gegen Kaufhäuser und Konsumvereine. Das traf sich mit der Propaganda der NSDAP und konnte von ihr entsprechend instrumentalisiert werden. Offen forderten die Kammern, dass „der Ausbau der Republik zum Sozialstaat aufgehalten werden müsse".[64]

Vor diesem Hintergrund wurde die NS-Machtübernahme von den Industrie- und Handelskammern „eher abwartend positiv als ablehnend" beurteilt. 1934 feierte die IHK Halle die „Machtergreifung" als „endgültige

61 Staatsarchiv Chemnitz, Findbuch zum Bestand 30874, bearbeitet von Michael Rudloff, Chemnitz 2002.

62 Angaben und Zitate nach Thomas Großbölting, SED-Diktatur und Gesellschaft. Bürgertum, Bürgerlichkeit und Entbürgerlichung in Magdeburg und Halle, Halle 2001, S. 286-299, insb. S. 286f.

63 Zitiert nach ebd., S. 288.

64 Angaben und Zitate ebd., S. 289-291.

Abwehr von einer Periode der Not und Verzweiflung“ und brachte die „feste Zuversicht auf ein Gelingen des deutschen Wiederaufstiegs“ zum Ausdruck. Parallel dazu vollzog sich die personelle Gleichschaltung der Kammern, an deren Spitze nun überzeugte Anhänger der NSDAP traten. Auch die innere Organisation wandelte sich. Die Beschlussrechte der Vollversammlungen gingen an den fortan vom Reichswirtschaftsminister eingesetzten Präsidenten über. An die Stelle der Vollversammlungen trat ein vom Präsidenten berufener Beirat. Intern wuchs in den dreißiger Jahren aber eine gewisse Reserve gegen das Regime, das die Handlungsspielräume der Kammern immer weiter einschränkte.[65] Denn die Mitarbeiter der Kammern waren meist noch vom alten Selbstverwaltungsgedanken und der regionalen Interessenvertretung für die beteiligten Firmen geprägt. Dagegen suchte das Regime eine zentrale Wirtschaftslenkung zu installieren.

Im Krieg hätten diese Tendenzen zur Auflösung der Industrie- und Handelskammern führen können. Tatsächlich waren sie nur noch als Auftragsbehörden für die staatliche Verwaltung tätig und wurden damit zum „Hilfsmittel des Staates zur Organisation der Kriegswirtschaft“. Allerdings konnten die Kammern – in gewissem Rahmen – immer noch als Fürsprecher für ihr Klientel auftreten und wirksam werden. Gerade ihre regionale Fachkompetenz machte sie ab 1942 auch für die Lenkung der Wirtschaft im totalen Krieg wieder wichtig. Denn unter den Bedingungen des alliierten Luftkriegs konnte die Produktion oft nur mit Hilfe der Kammern und ihrer Kenntnisse der lokalen Gegebenheiten aufrechterhalten werden. Zum 1. Januar 1943 kam es noch zu einer Umbenennung in „Wirtschaftskammern“. Praktisch hatte das aber – jedenfalls für die IHK Chemnitz – keine Bedeutung mehr. Die Industrie- und Handelskammern waren zwar zu Verwaltungsstellen der Wirtschaft des NS-Staates mutiert, konnten aber ein Stück weit ihre alte Funktion als Rückgrat der angeschlossenen Berufsgruppen erhalten. Äußerlich waren sie vollkommen gleichgeschaltet, bewahrten intern aber doch ein gewisses Maß an regionaler Identität und Kontinuität.[66]

[65] Angaben nach ebd., S. 294.
[66] Angaben und Zitate ebd., S. 297-299.

Bei einer Tagung der fünf Präsidenten der sächsischen Industrie- und Handelskammern am 13. März 1933 in Plauen begrüßten auch sie das NS-Regime und versicherten ihm die Loyalität der sächsischen Unternehmerschaft. Der neue NSDAP-Wirtschaftsminister Lenk in Dresden erließ am 3. Juni 1933 gleichwohl ein Gesetz zur Einsetzung eines Staatskommissars für die IHK Chemnitz. Denn bei den Kammerwahlen 1932 waren alle NSDAP-Kandidaten durchgefallen, was für Verärgerung gesorgt hatte. Neuer Kammerpräsident wurde der Generaldirektor F.A. Schöning. Durch eine Reihe weiterer Interventionen kam es zu nachhaltigen Veränderungen der inneren Struktur der Kammer. So wurde 1934 das Wahlsystem beseitigt. Schöning und die Geschäftsführung traten 1935 zurück. Zum neuen Präsidenten wurde der Fabrikant Herbert Mitscherling bestellt. Er knüpfte offen an die Arbeit vor 1933 an und war kein Parteigänger der NSDAP. Deshalb lief die Partei Sturm, was 1937 zu seinem Rücktritt führte.[67] Erst im Frühjahr 1938 kam ein überzeugter Nationalsozialist ins Amt, nämlich der 1890 geborene SA-Hauptsturmführer Hans Schöne, der auch den Rang eines Kreisleiters der NSDAP hatte und Mitinhaber einer Trikotagenfabrik in Chemnitz war. Als Hauptgeschäftsführer fungierte Dr. Fritz Hillig.[68]

Im Frühjahr 1938 wurde auch die IHK Chemnitz mit der neuen Aufgabe der vollständigen „Entjudung" der Wirtschaft konfrontiert. Nachdem 1933 die Verdrängung der Juden aus allen Bereichen des wirtschaftlichen Lebens eingesetzt hatte, sollte dies nun zum Abschluss gebracht werden. Die praktische Umsetzung war in erster Linie Aufgabe der Industrie- und Handelskammern, die auf der regionalen Ebene über den entsprechenden wirtschaftlichen Sachverstand verfügten.[69] Daneben blieben Parteistellen vor allem in Gestalt der Gau- und Kreiswirtschaftsberater der NSDAP beteiligt. Die eigentlichen Genehmigungsbehörden aber wurden die staatlichen Mittelinstanzen der Reichsstatthalter und Regierungspräsidenten, denen die Kammern zuzuarbeiten hatten. Die Chemnitzer IHK stellte dabei im Frühjahr 1938 fest, dass in ihrem Bezirk, der neben der Stadt Chemnitz die

67 Angaben nach Staatsarchiv Chemnitz, Findbuch zum Bestand 30874 (Industrie- und Handelskammer Chemnitz), Kapitel 1.3.: „Die Chemnitzer Kammer während des Nationalsozialismus".

68 Angaben nach Staatsarchiv Chemnitz, Bestand 30874 (IHK), Akte 6, im Folgenden: Staatsarchiv Chemnitz, 30874 / 6.

69 Siehe Großbölting, SED-Diktatur und Gesellschaft, S. 294f.

Kreise Annaberg, Chemnitz, Döbeln, Flöha, Glauchau, Marienberg, Rochlitz und Stollberg umfasste, noch zahlreiche jüdische Unternehmen existierten.[70] Und die Kammer musste bei den ersten „Arisierungen" 1938 feststellen, wie mühsam deren Durchführung war. Deshalb wurde noch im Sommer 1938 beschlossen, hierfür ein neues Referat zu schaffen.

Die jüdische Bevölkerung im Bezirk der IHK Chemnitz war dort überwiegend erst in der zweiten oder dritten Generation ansässig. 1871 lebten in Chemnitz gerade einmal 95 Juden. Das ging vor allem auf die verspätete Emanzipation der Juden in Sachsen zurück, die erst 1867 mit dem Beitritt zum Norddeutschen Bund vollständig vollzogen wurde.[71] Doch auch in der Folgezeit waren die Juden und ihre Gemeinden in Sachsen Zurücksetzungen ausgesetzt, die anderwärts längst der Vergangenheit angehörten. So nahmen beispielsweise offizielle Vertreter der Evangelischen Kirche und der Stadt Chemnitz an der Einweihung der großen Chemnitzer Synagoge am Stephanplatz 1899 demonstrativ nicht teil. Die jüdische Bevölkerung der Stadt und ihres Umlandes hatte im Takt mit deren wirtschaftlicher und industrieller Entwicklung ab 1871 stark zugenommen. Die meisten kamen aus anderen Teilen des Deutschen Reiches, aber eine beträchtliche Minderheit stammte aus Polen und hatte die österreichische (Galizien) oder russische Staatsbürgerschaft (Kongresspolen). Zwischen den assimilierten deutschen Juden und den sogenannten „Ostjuden", die mit der Wiedererrichtung des polnischen Staates 1919 in der Regel dessen Staatsbürgerschaft annahmen, bestanden erhebliche Unterschiede und Spannungen.[72]

Auch in der Weimarer Republik waren die Juden in Chemnitz Übergriffen in besonderer Weise ausgesetzt. Nach dem verlorenen Krieg setzte eine zuvor nicht gekannte Hetze ein. Antisemiten und Alldeutsche beschimpften die Chemnitzer Juden als „Kriegsgewinnler" und „Drückeberger". Dass in Sachsen damals sozialdemokratische und linksliberale Politiker –

70 Angaben zum Bezirk der IHK Chemnitz nach Staatsarchiv Chemnitz, 30874 / 6.

71 Stephan Pfalzer, Entstehung und Entwicklung der Chemnitzer jüdischen Gemeinde im letzten Drittel des 19. Jahrhunderts, in: Jürgen Nitsche/Ruth Röcher (Hrsg.), Juden in Chemnitz. Die Geschichte der Gemeinde und ihrer Mitglieder, Dresden 2002, S. 13-21.

72 Michael Schäbitz, Die jüdische Gemeinde Chemnitz im Schatten des Antisemitismus, in: Nitsche / Röcher (Hrsg.), Juden in Chemnitz, S. 23-31.

wie Ministerpräsident Georg Gradnauer (SPD) – jüdischer Herkunft waren, galt als Beweis der jüdischen „Weltverschwörung". Wenige Jahre später begann der offene Straßenterror. So wurde der Kaufmann Max Berdaß 1927 vor seinem Geschäft von Mitgliedern der NSDAP brutal zusammengeschlagen, so dass er 1930 an den Spätfolgen des Überfalls starb. Das war kein Einzelfall. Die sozialdemokratische „Volksstimme" sprach schon 1927 vom „Pogrom in Chemnitz".[73] Mit besonderem Hass verfolgten die örtlichen Nazis einen jüdischen Gymnasiasten namens Helmut Flieg, der 1931 mit einem antimilitaristischen Gedicht hervorgetreten war. Flieg setzte sich daher 1933 ins Ausland ab, um 1945 als amerikanischer Soldat in seine Heimat zurückzukehren. Es war der Schriftsteller Stephan Heym, der nach einigen Jahren in München in die DDR ging, wo er bei den SED-Machthabern bald wieder in Ungnade fallen sollte.[74] In seiner 2002 erschienen Autobiografie „Nachruf" vermittelt er Einblicke in das Leben einer jüdischen Familie in Chemnitz zwischen Erstem Weltkrieg und „Machtergreifung".[75] Schon Anfang 1932 waren Juden in der Chemnitzer Öffentlichkeit nicht mehr sicher. So erkannte ein Trupp SA-Schläger Alexander Selver im Wartesaal des Hauptbahnhofs, wo er mit seiner Freundin zusammengeschlagen wurde, weil er Nazis bei der Polizei angezeigt hatte.

1933 zählte Chemnitz 348.419 Einwohner, von denen 2.387 jüdischen Glaubens waren.[76] Mithin waren rund 0,7 Prozent der Chemnitzer Juden. Im Reichsdurchschnitt betrug ihr Anteil 1,0 Prozent, in Großstädten wie Berlin, Frankfurt a.M. und Breslau lag er höher und in ländlichen Gegenden niedriger als in Chemnitz. Zu den knapp 2.400 Glaubensjuden kamen nach nationalsozialistischer Auffassung noch diejenigen hinzu, die nach den „Nürnberger Gesetzen" als Juden zu gelten hatten. Insgesamt gab es daher nach den NS-Rassengesetzen rund 3.000 deutsche Juden in Chemnitz. Bei ihnen handelte es sich um vollständig integrierte Bürger, von denen viele längst evangelische Christen oder glaubenslos waren. Hinzu kamen weit über 1.000 Juden mit polnischer Staatsbürgerschaft, die aber

73 Ebd., insb. S. 27f.

74 Siehe Stephan Heym, Nachruf, Frankfurt a.M. 1990, S. 45-53.

75 Ebd., S. 1-102.

76 Undine Völschow, Jüdische Bevölkerung im Regierungsbezirk Chemnitz, in: Nitsche / Röcher (Hrsg.), Juden in Chemnitz, S. 143-148.

ebenfalls meist schon in der zweiten Generation in Chemnitz lebten. Denn auch ein Drittel der „Ostjuden“ war bereits in Chemnitz geboren.

Chemnitz hatte einen besonderen Ruf als Industriemetropole. Es galt als das „sächsische Manchester“. Denn hier dominierte – ähnlich wie im mittelenglischen Manchester und im polnischen Lodz – die Textilindustrie. Das galt für deren industrielle Produktion, und zwar vor allem von Strümpfen und Unterbekleidung, sowie für die Herstellung entsprechender Maschinen zur Textilerzeugung. Geradezu typisch für Chemnitz waren Strumpffabrikationsbetriebe, die Strümpfe roh kauften bzw. anfertigten und sie dann färben und veredeln ließen. In enger Vernetzung mit dem Umland hatte sich eine entsprechende textilindustrielle Infrastruktur mit Wirkereien, Färbereien und Zulieferbetrieben entwickelt. Hinzu kam der Textilgroßhandel mit zum Teil erstaunlich hohen Exportanteilen – bis hin nach Kanada, Australien, Südafrika und den USA. Insofern war die Chemnitzer Textilindustrie ein „global player“. Der Großhandel erstreckte sich aber natürlich auch auf Europa und besonders Deutschland. Hinzu trat ein differenzierter Textileinzelhandel. In allen diesen Bereichen spielten jüdische Unternehmer traditionell eine wichtige Rolle. Insgesamt machte der jüdische Anteil an der Textilproduktion und am Textilhandel in Chemnitz über 30 Prozent aus. Zudem waren die Chemnitzer Juden in anderen Bereichen der Fabrikation und des Handels vertreten. Es war die Aufgabe des „Entjudungsreferenten“ der IHK, dies alles zunichtezumachen – und zwar ohne schädliche Nebenwirkungen für die Wirtschaft.

Nach der nationalsozialistischen „Machtergreifung“ wurden auch die Chemnitzer Juden dem staatlich sanktionierten Terror ausgesetzt. Walter Linse kann das kaum entgangen sein. Denn der Sturm auf das Amts- und Landgericht Chemnitz am 9. März 1933 war reichsweit Gesprächsthema in der Justiz. Der bekannte Mob aus SA- und NSDAP-Schlägern drang in Chemnitz nämlich erstmals in die Gerichte ein, zwang selbst deren Präsidenten zum Verlassen der Gebäude und führte Unliebsame in „Schutzhaft“ ab.[77] Schon in den Tagen zuvor waren Kommunisten, Sozialdemokraten und Gewerkschafter Opfer des Terrors geworden. Selbst die Polizei war über die Brutalität der Chemnitzer SA erschüttert und stellte im Juli 1933

77 Lothar Gruchmann, Justiz im Dritten Reich 1933-1940. Anpassung und Unterwerfung in der Ära Gürtner, München 1988, S. 124-126.

fest, dass „Misshandlungen, die in verschiedenen Fällen auch den Tod der misshandelten Personen zur Folge hatten, ... an der Tagesordnung waren." So „verhaftete" die SA am 10. April 1933 den jüdischen Rechtsanwalt und Notar Dr. Wiener, der am nächsten Morgen 15 Kilometer von Chemnitz entfernt an der Böschung einer Sandgrube tot aufgefunden wurde. Das erregte sogar in der internationalen Presse erhebliches Aufsehen.[78]

Doch damit nicht genug. 1935 errichtete der Chemnitzer Oberbürgermeister einen „Judenpranger", wo die Namen derjenigen verzeichnet waren, die in jüdischen Geschäften einkauften. Denunziationen waren fortan erwünscht und wurden sogar gefördert. Im selben Jahr kam es zu schweren Übergriffen gegen den jüdischen Kaufmann Willy Wertheim aus Meerane, der mit einer nichtjüdischen Arbeiterin verlobt war. Er wurde wegen „Rassenschande" im KZ Sachsenburg so schwer misshandelt, dass er nach der Entlassung den Verletzungen in einem Chemnitzer Krankenhaus erlag.[79] Die Ausgrenzung und Diskriminierung der Juden schritt in Chemnitz rasch und brutal voran. Betriebe, Vereine, Verwaltungen – sie alle waren beteiligt. Hass, Missgunst und Zurücksetzung herrschten überall. Aus sämtlichen Vereinen, Gesellschaften und Institutionen wurden die Juden ausgeschlossen. In den Fenstern von Cafés und Gaststätten hieß es „Juden unerwünscht!". In Chemnitz wurden selbst die Kinder separiert und in „jüdischen Sonderklassen" unterrichtet. Es folgte die Umsetzung jüdischer Mieter in „Judenhäuser". Aus guten Chemnitzer Bürgern wurden allein wegen ihrer jüdischen Herkunft randständige Existenzen. Nur wenige „deutsche Volksgenossen" hatten den Mut, sich nicht daran zu beteiligen. Gegenüber früheren Freunden und Bekannten wurde oft noch die Fassade distanzierter Höflichkeiten gewahrt. Doch wehe, wenn es fremde „Juden" waren!

Im Juni 1938 wurde eine Reihe Chemnitzer Juden ins KZ Buchenwald eingeliefert. Im November 1938 setzten im Konzentrationslager massive Misshandlungen von Juden ein, so dass es auch unter den aus Chemnitz Deportierten bald zu Todesfällen kam.[80] Zu dieser Zeit war Walter Linse

[78] Steffen Held, Jüdische Rechtsanwälte und Notare in den Jahren 1896 bis 1938, in: Nitsche/Röcher (Hrsg.), Juden in Chemnitz, S. 97-103.

[79] Jürgen Nitsche, Vertreibung und Ermordung der Chemnitzer Juden, in: Ders. / Röcher (Hrsg.), Juden in Chemnitz, S. 151-159.

[80] Ebd.

bereits bei der Industrie- und Handelskammer tätig. Im Zuge der „Entjudung“ hatte er auch mit den Inhaftierten und wieder Entlassenen sowie deren Familien zu tun, so dass ihm die Vorgänge nicht verborgen bleiben konnten. Am 28. Oktober 1938 erlebte Linse dann, wie insgesamt 338 Chemnitzer Juden polnischer Staatsangehörigkeit verhaftet und nach Polen abgeschoben wurden. Die Zusammenarbeit mit der Geheimen Staatspolizei war so eng, dass ihm sogleich eine Liste der Deportierten übermittelt wurde.[81] Auch nach der Pogromnacht vom 9./10. November 1938 lieferte die Gestapo dem „Entjudungsreferenten“ sofort eine Liste der 172 verhafteten Chemnitzer Juden, die in das KZ Buchenwald gebracht worden waren.[82]

Zuvor war den Chemnitzer Juden noch eine besondere Demütigung widerfahren: Die jüdischen Männer wurden nämlich von Polizei und SA durch die Straßen ihrer Heimatstadt bis zur Synagoge auf dem Kaßberg getrieben. Dort mussten sie mitansehen, wie ihr Gotteshaus geschändet und niedergebrannt wurde. Die Feuerwehr stand dabei, um die umliegenden Häuser zu schützen. Danach wurde die Synagoge dem Erdboden gleichgemacht. Eine solche Behandlung verhafteter Juden suchte selbst beim Pogrom von 1938 ihresgleichen. Das Niederbrennen der Synagoge war damals Tagesgespräch. Linse erfuhr ebenfalls von den Misshandlungen und Erpressungen im Konzentrationslager Buchenwald, als es um die „Arisierung“ der Betriebe Inhaftierter ging. Und er wurde Augenzeuge des Pogroms in Chemnitz, bei dem nicht nur die Synagoge niedergebrannt, sondern auch jüdische Geschäfte in der Innenstadt zerstört wurden. Denn hier wütete der braune Mob – und bereicherte sich an fremdem Eigentum. Jedenfalls veranlasste Linse als „Entjudungsreferent“ alsbald die Wiederherstellung bzw. provisorische Sicherung der geplünderten Läden.[83]

In einem Einzelfall soll Linse nach dem Pogrom vom 9./10. November 1938 einem der verhafteten Chemnitzer Juden im KZ Buchenwald zur

81 „Verzeichnis der am 28.10.1938 nach Polen abtransportierten polnischen Juden“, in: Staatsarchiv Chemnitz, 30874 / 685, Bl. 24-38.

82 Aufstellung der von der Staatspolizeistelle Chemnitz „in Schutzhaft“ genommenen Juden vom 10.11.1938 mit Ergänzung vom 12.11.1938, in: Staatsarchiv Chemnitz, 30874 / 685, Bl. 51-67.

83 Siehe hierzu: Staatsarchiv Chemnitz, 30874 / 693, Bl. 339, 341-348.

Freiheit verholfen haben. Dabei handelte es sich um Alfred Ascher, der am Markt 15 in Chemnitz ein kleines Geschäft für „feine Damenschuhe" betrieb. In einem seiner ersten „Arisierungs"-Gutachten vom November 1938 sprach sich Linse für die Genehmigung des Übernahmevertrages vom 3. samt Ergänzungen vom 15. Oktober 1938 aus.[84] Und auf der Liste der Gestapo in Chemnitz über die „am 10.11.1938 ... in Schutzhaft genommenen" Juden stand unter Nr. 1: „Ascher, Alfred, Kaufmann, geb. am 21.1.1910 in Berlin, Wohnung: Chemnitz, Zwickauer Str. 36".[85] Tatsächlich dürfte Ascher auch relativ bald aus dem KZ Buchenwald entlassen worden sein, weil er nach England emigrieren wollte und die „Arisierung" seines Geschäfts abgeschlossen war. In solchen Fällen gab es eine generelle Weisung des Reichssicherheitshauptamtes, dass ausreisewillige Juden alsbald auf freien Fuß gesetzt werden sollten. Doch das wusste Ascher nicht. Für ihn lag so der Eindruck nahe, dass Linse, der für die Genehmigung des Verkaufs seines Ladens gesorgt hatte, sein Wohltäter war. So äußerte sich jedenfalls ein Freund Aschers 1952 nach der Entführung Linses in einem Schreiben an Bundeskanzler Adenauer.[86] Selbst wenn das zutreffend wäre, änderte die Hilfe in diesem Einzelfall nichts am übrigen Handeln Linses.

84 Staatsarchiv Chemnitz, 30874 / 701, Bl. 91-96.

85 Aufstellung der von der Staatspolizeistelle Chemnitz „in Schutzhaft" genommenen Juden vom 10.11.1938 mit Ergänzung vom 12.11.1938, in: Staatsarchiv Chemnitz, 30874 / 685, Bl. 51-67.

86 In dem auf den 29. Oktober datierten Schreiben eines Horst B. Lantzsch aus Manchester heißt es: „Vor dem Kriege lebte ich mit meinem Freunde Alfred Ascher in Chemnitz. Nach der Glasnacht (gemeint ist die „Kristallnacht", Anm. d. Verf.) wurde mein Freund als Angehöriger der jüdischen Glaubensgemeinschaft nach Buchenwald geschafft. Mit Unterstützung von Herrn Dr. Linse, der sich unter Aufopferung seiner Existenz maßgeblich dafür einsetzte, war es möglich, meinen Freund aus dem KZ-Lager herauszuholen. Seine Ausreise aus Deutschland wurde dadurch sichergestellt und sein Leben gerettet. Herr Dr. Linse war damals Mitarbeiter der Handelskammer Chemnitz." Das Schreiben wurde dem „Untersuchungsausschuss freiheitlicher Juristen" in Berlin am 24. November 1952 vom Gesamtdeutschen Ministerium (Dr. Wellinghausen) übermittelt. – Kopien davon erhielt der Verfasser von Benedict Maria Mülder, Berlin. Dem Vorgang wird weiter nachgegangen.

Dieses Handeln war auf die Vernichtung der wirtschaftlichen Existenz der jüdischen Bevölkerung im Bezirk der IHK Chemnitz gerichtet und wurde von Linse konsequent umgesetzt. Dabei spielte sich die „Entjudung" in jener hasserfüllten Atmosphäre ab, die in Deutschland seit 1933 an der Tagesordnung war und der sich auch Walter Linse nicht entziehen konnte. Im Gegenteil, bedeutete seine Arbeit ja einen wichtigen und entscheidenden Schritt beim Ausschluss der Juden aus der „deutschen Volksgemeinschaft". Denn nur wenn die jüdische Bevölkerung für die deutsche Wirtschaft keine Rolle mehr spielte, konnte sie endgültig beseitigt werden. Dafür die letzten ökonomischen Voraussetzungen zu schaffen, war in Chemnitz und Umgebung die Aufgabe Walter Linses.

5. Die „Arisierung" in Chemnitz und Umgebung ab 1938

Das neue Referat bei der IHK Chemnitz, für das Walter Linse im Frühjahr 1938 eingestellt worden war, erhielt die Bezeichnung „III e". Das bedeutete, dass es sich nach der Buchstabenfolge um das 5. Referat der Abteilung III der Kammer handelte. Das kleine „e" konnte aber auch als Hinweis auf die Aufgabenstellung des Referats gedeutet werden, nämlich die „Entjudung". Mit Sicherheit lässt sich nicht mehr feststellen, worauf das „e" Bezug nahm. Denn es gab auch andere Referate der Abteilung III, die bis Anfang 1939 mit der „Entjudung" befasst waren. So hatte zunächst der Bankdirektor Brüggemann „Entjudungs"-Angelegenheiten bearbeitet und wies Linse in das neue Referat ein. Jedenfalls führte Walter Linse die Bezeichnung „III e" ebenso wie seinen Doktortitel. Auf keinem seiner Schreiben aus der Zeit der NS-Herrschaft fehlt das „III e" und aus dem anfangs noch verschämten Diktatzeichen „Li" wurde im Briefkopf bald der deutliche Hinweis „Dr. Linse". Nur durfte er nicht selber zeichnen. Das blieb Präsident Hans Schöne und Geschäftsführer Dr. Fritz Hillig vorbehalten. Erst „in russischer Zeit", in der Walter Linse zum Geschäftsführer der IHK avancieren sollte, unterzeichnete er auch seine Schreiben selber.

Die Aufgaben des Referenten für die „Entjudung" bei der IHK Chemnitz waren vielfältig und umfassend. Schon nach der „Anmeldeverordnung" vom 26. April 1938 bedurften alle Vermögensverfügungen von Juden im Wert von über 5.000 RM der Genehmigung durch die höhere Verwaltungsbehörde. Die nannte sich in Chemnitz bis zum 31. Dezember 1938 „Kreishauptmannschaft“ und danach „Regierungspräsidium“. Sie entschieden nach entsprechenden Stellungnahmen der IHK. Sie hatten bei „Arisierungen“ vor allem zu prüfen, ob die Kaufverträge juristisch unbedenklich waren, die Kaufpreise richtig ermittelt wurden, d.h. den jüdischen Veräußerer nicht begünstigten, und der Erwerber fachlich qualifiziert, wirtschaftlich solvent und „arischer“ Abstammung war. Dazu erstellte der „Entjudungsreferent“, also Walter Linse, Gutachten. Bis Herbst 1938 stammte ein Teil der Gutachten noch von anderen Referenten der IHK.[87]

Zudem hatte der „Entjudungsreferent“ ein Verzeichnis der jüdischen Betriebe anzulegen und zu führen. Das wurde im Herbst 1938 dringlich, als darüber entschieden werden sollte, welche Unternehmen zu „arisieren“ und welche zu liquidieren waren. Da für den Bezirk der IHK Chemnitz noch kein Verzeichnis der jüdischen Betriebe vorlag, entstand im Oktober/November 1939 eine Liste Linses, auf der weit über 200 jüdische Betriebe allein in der Stadt Chemnitz erfasst wurden.[88] Bei der Entscheidung über das Schicksal der Betriebe waren die NSDAP-Gauwirtschaftsberater zu beteiligen. Für den Bereich der IHK Chemnitz hatte der sächsische NSDAP-Gauwirtschaftsberater Kirnes in Dresden diese Aufgabe den Kreiswirtschaftsberatern übertragen, die ihn bei wichtigen Fragen konsultierten. Für Linse war daher der Chemnitzer Kreiswirtschaftsberater Weinhold wichtig. Und er verstand es, ein gutes Einvernehmen mit ihm herzustellen, indem er grundsätzlich dessen Wünschen folgte. Weinhold wiederum begnügte sich mit gelegentlichen Interventionen, so dass es – jedenfalls nach der Aktenlage – nicht zu Konflikten zwischen ihm und Linse kam.

Eine erste Abstimmung über zu „arisierende“ und zu liquidierende Betriebe erfolgte Mitte November 1938. Sie wurde vom Geschäftsführer der Kammer, Dr. Fritz Hillig, mit dem NSDAP-Kreiswirtschaftsberater Weinhold durchgeführt. Danach übermittelte Hillig dem Präsidenten der IHK Hans Schöne eine elfseitige Liste „jüdischer Gewerbebetriebe“, die das

87 Vgl. die Fälle in: Staatsarchiv Chemnitz, 30874 / 696, Bl. 6-125.

88 Die Liste ist in dem Besonderen Anhang wiedergegeben, der beim Berliner Landesbeauftragten für die Stasi-Unterlagen angefordert werden kann (siehe Anm. 9).

Datum vom 6. September 1938 trug. In einem Begleitschrieben vom 15. November 1938 erklärte Hillig dazu: „Auf Grund der Aussprache mit dem Kreiswirtschaftsberater Stadtrat Weinhold sind in Übereinstimmung der Auffassung die Firmen (auf der Liste, Anm. d. Verf.) durchgestrichen, die nach vorläufiger Prüfung für eine Arisierung wegen Bedeutungslosigkeit nicht in Frage kommen dürfen.“[89] Das betraf rund zwei Drittel der über 200 in der Liste verzeichneten Betriebe, die demnach zu liquidieren waren. Am 24. November 1938 lud dann der Kreishauptmann zu Chemnitz für den 1. Dezember 1938 zu einer Sitzung ein, bei der über den Fortbestand weiterer jüdischer Betriebe entschieden werden sollte. Eingeladen wurden der Bürgermeister, ein Vertreter der IHK, ein Vertreter der Wirtschaftsgruppe Einzelhandel, der Kreisleiter sowie der Kreiswirtschaftsberater der NSDAP und der Kreiswalter für Handel und Handwerk der DAF.

Grundlage war ein Erlass des Reichswirtschaftsministers vom 18. November 1938, wo es hieß: „Durch die Verordnung zur Ausschaltung der Juden aus dem deutschen Wirtschaftsleben vom 12. November 1938 scheiden die Juden vom 1. Januar 1939 ab als Unternehmer aus dem Einzelhandel, dem Handwerk und dem Marktverkehr endgültig aus. Soweit jüdische Einzelhandelsgeschäfte und Handwerksbetriebe infolge der Ereignisse vom 8., 9. und 10. November geschlossen sind, sollen sie als jüdische Gewerbebetriebe grundsätzlich nicht wieder eröffnet werden. Ich ersuche, dies schon aus polizeilichen Gründen zur Verhütung weiterer Ausschreitungen zu verhindern. Eine Wiedereröffnung soll nur erfolgen, wenn die Überführung in nichtjüdische Hand gesichert ist. Eine solche Überführung soll ... nur ausnahmsweise genehmigt werden, wenn die Weiterführung des Geschäfts aus allgemeinen volkswirtschaftlichen Gründen, insbesondere mit Rücksicht auf die Versorgung der Bevölkerung, erwünscht erscheint.“[90]

Am 1. Dezember 1938 war es Walter Linse, der die IHK vertrat. Für den Mann aus „kleinen Verhältnissen“ dürfte es etwas Besonderes gewesen sein, an einem Tisch neben dem Kreishauptmann, dem Bürgermeister und dem NSDAP-Kreisleiter seiner Heimatstadt Platz zu nehmen und seine

[89] Staatsarchiv Chemnitz, 30874 / 697, Bl. 163-174.

[90] Runderlaß des Reichswirtschaftsministers vom 18. November 1938, weitergeleitet durch den Sächsischen Minister des Inneren am 19. November 1938, ebd., Bl. 141-143.

Kompetenz in Fragen der „Entjudung“ unter Beweis zu stellen. Der siebenköpfige Ausschuss beriet an diesem Tag über das Schicksal von 57 jüdischen Betrieben in Chemnitz. In einem Protokoll vermerkte Linse zu jedem Betrieb handschriftlich das Ergebnis, nämlich 31 Mal „liqu.“ (für liquidieren) und 12 Mal „aris.“ (für arisieren); in den übrigen 14 Fällen fiel keine Entscheidung, weil weitere Erkundigungen eingezogen werden sollten oder die Abwicklung schon erfolgt war. Auch vermerkte Linse, wer – falls notwendig – als Treuhänder für den jeweiligen Betrieb einzusetzen war. In der Folgezeit setzte Linse diese Maßgaben um. Eine weitere Sitzung des „Arisierungsausschusses“ folgte am 8. Dezember 1938. Bald darauf beantragte die IHK dann beim Kreishauptmann bzw. dem Regierungspräsidenten – so erforderlich – die Einsetzung von Treuhändern.

Neben der höheren Verwaltungsbehörde und den NSDAP-Dienststellen bestand eine intensive Kooperation der Industrie- und Handelskammer mit den Finanzbehörden, der Polizei und insbesondere der Geheimen Staatspolizei, wenn es um „Judenangelegenheiten“ ging. Das betraf insbesondere die Erteilung von Aufenthaltsgenehmigungen für ausländische Juden und Auswanderungsbegehren deutscher Juden. In die enge Kooperation war ebenfalls der „Entjudungsreferent“ der Kammer, nämlich Walter Linse, eingebunden. So wurde er von der Gestapo sofort informiert, als 338 Chemnitzer Juden polnischer Staatsanghörigkeit am 28. Oktober 1938 verhaftet und nach Polen abgeschoben wurden.[91] Unter ihnen befanden sich besonders viele kleine Gewerbetreibende und Ladenbesitzer. Linse konnte anhand der Liste der Gestapo nun alsbald die Bestellung von Abwesenheitspflegern veranlassen. Nach der Pogromnacht vom 9./10. November 1938 lieferte ihm die Gestapo wiederum eine Liste der 172 verhafteten Chemnitzer Juden, die in das KZ Buchenwald gebracht worden waren.[92]

Auch die Vermittlung von jüdischen Betrieben an „arische“ Interessenten erfolgte zunehmend durch das „Entjudungsreferat“. Bald nach der Einstel-

[91] „Verzeichnis“ der am 28. Oktober 1938 nach Polen abtransportierten polnischen Juden, in: Staatsarchiv Chemnitz, 30874 / 685.

[92] Liste der Staatspolizeistelle Chemnitz vom 10. November 1938 mit den Personalien der „in Schutzhaft“ genommenen Juden, in: Staatsarchiv Chemnitz, 30874 / 685.

lung Walter Linses wurde die IHK zum Dreh- und Angelpunkt der „Arisierung“ im Bezirk. Denn die Erwerber jüdischen Eigentums wussten, dass sie ihre Vorhaben nur mit Zustimmung der Kammer realisieren konnten. Schon im Vorfeld waren immer mehr Vereinbarungen durch Linse zu treffen. Das galt auch für die Ermittlung des Werts der jüdischen Betriebe. Dazu zog Linse Sachverständige heran, die das Inventar, den Maschinenpark, die Immobilien und die Warenlager taxierten. Er schritt auch ein, wenn der Wert des Inventars und der Warenlager jüdischer Unternehmen nur in fragwürdiger Weise berücksichtigt wurde. Das galt z.B. für die „Strumpffabrikation R. Weinhold & Co.“ in Klaffenbach im Erzgebirge, wo für die Maschinen, das Auto und das sonstige Inventar der Buchwert von 1 RM vereinbart wurde.[93] Hier sorgte Linse für eine Begutachtung, die den Wert von 5.871 RM ergab, der dann als Kaufpreis angegeben wurde.

Doch bereits bei der Bewertung der Unternehmen und Betriebe ging es nicht mit rechten Dingen zu: Denn der „Goodwill“, also der Wert eines Betriebs oder Unternehmens aufgrund seiner Geschäftsbeziehungen und eingeführten Produkte, durfte bei der Wertermittlung nicht berücksichtigt werden. Nur der nackte Verkehrswert – und auch dieser oft mit Abschlägen – war zu beachten. Bei Immobilien wurde der geringe „Einheitswert“ von 1935 angesetzt. So war schon die Wertermittlung bei jüdischen Betrieben für die Betroffenen eine kalte Enteignung. Hinzu kamen noch diejenigen Fälle, bei denen „verdiente Vorkämpfer der nationalsozialistischen Bewegung“ in offener Weise begünstigt wurden, was Linse auch immer wieder in schnörkelloser Offenheit in seinen Gutachten vermerkte.[94]

In seinen Gutachten schlug Linse regelmäßig vor, durch Auflagen bei der Genehmigung „Arisierungsabgaben“ zu erheben, die an die Staatskasse gingen. Die Abgaben wurden mit der Gewinnspanne des Erwerbers zwischen dem vereinbarten Kaufpreis und den ohnehin geringen Schätzwerten begründet. Die Gewinne sollten zugunsten der Allgemeinheit abgeschöpft werden. Das Perfide bei Linses Gutachten war nun, dass er oft vorschlug, die jüdischen Veräußerer auch an der „Arisierungsabgabe“ zu beteiligen oder sie ihnen ganz aufzuerlegen. Das bedeutete, dass der viel zu geringe

[93] Staatsarchiv Chemnitz, 30874 / 701, Bl. 320-325.

[94] Siehe für viele nur den „Fall Erichsen“ in: Staatsarchiv Chemnitz, 30874 / 701, Bl. 147-153.

Kaufpreis, der unter dem ohne „Goodwill“ ermittelten Schätzwert lag, noch dadurch vermindert wurde, dass der jüdische Veräußerer für die Differenz zwischen dem zu geringen Schätzwert und dem noch geringeren Kaufpreis aufzukommen hatte. Die Folge war eine Potenzierung der Ausplünderung der rechtlos gestellten Juden. Hauptprofiteur war der NS-Staat.

Von 1938 bis weit in das Jahr 1941 hinein bestand die Hauptaufgabe Walter Linses bei der IHK Chemnitz darin, Gutachten über die „Arisierung“ oder Liquidation einzelner Betriebe für die höhere Verwaltungsbehörde zu fertigen. Im Einzelnen waren dabei folgende Punkte abzuarbeiten:

- Kurzbeschreibung des Unternehmens sowie seiner Umsätze und Gewinne in den letzten Jahren,
- Beurteilung der „Arisierungswürdigkeit“ des Betriebs ggfs. nach Absprache mit dem NSDAP-Kreiswirtschaftsberater,
- Überprüfung des Kaufpreises auf dessen korrekte Ermittlung durch Sachverständige – getrennt nach Inventar, Warenlager, Außenständen, ggfs. Maschinenpark und Immobilien,
- Festsetzung einer „Arisierungsabgabe“ als Auflage bei der Genehmigung durch die Behörde,
- Sicherung der Fortbeschäftigung der „arischen“ Beschäftigten durch entsprechende Beauflagung,
- Sicherung der Begleichung sämtlicher Außenstände ggfs. durch Einzahlung des Kaufpreises auf einem Treuhandkonto,
- Überprüfung des Kaufvertrages in Hinblick auf alle seine Bestimmungen auch in formaljuristischer Hinsicht,
- Prüfung der fachlichen und persönlichen Qualifikation des Erwerbers und seiner wirtschaftlichen Potenz zur Fortführung des Betriebes,
- Prüfung der politischen Zuverlässigkeit des Erwerbers und seiner „arischen“ Herkunft.

Im Grundsatz wurden die Gutachten dabei immer umfassender, je länger die Verfahren sich hinzogen. Das galt insbesondere, wenn mehrere Interessenten vorhanden waren oder überörtliche Stellen eingeschaltet wurden.

In seinem Jahresbericht für 1938 erklärte der Präsident der IHK, Schöne, Anfang Februar 1939, dass die „Arisierung“ im Bezirk Chemnitz „erfreulich weit fortgeschritten" sei.[95] Er führte aus: „Die Überleitung jüdischer Unternehmungen in arische Hand, die in vereinzelten Fällen schon in den Jahren zwischen 1933 und 1938 erfolgt war, erfuhr durch die Verordnung über die Anmeldung jüdischen Vermögens vom 26. April 1938 eine starke Beschleunigung. Eine ganze Anzahl Einzelhandelsgeschäfte und Unternehmungen der Industrie und des Grosshandels wurden von den Juden an Arier verkauft und bestimmungsgemäß wurde die Kammer zu allen diesen Fällen … gutachterlich gehört. Durch eine sehr gewissenhafte und in der Mehrzahl der Fälle auch recht umfangreiche Prüfung wirkte die Kammer dahin, dass der Übergang zu angemessenen Preisen erfolgte und dass auch die sonstigen vertraglichen Bestimmungen dem Sinn und Zweck einer Arisierung entsprachen, dass also insbesondere eine restlose Ausschaltung jüdischen Einflusses Platz griff. Von den bisher erfolgten Arisierungen kann unbedenklich gesagt werden, dass sie den Interessen der Allgemeinheit dienlich waren und dass die neuen arischen Geschäfte sich – von verschwindenden Ausnahmen abgesehen – als lebensfähig erwiesen haben."[96]

Schöne führte weiter aus: „Soweit der Einzelhandel im besonderen in Frage kommt, erfuhr die Arisierung bzw. Liquidierung jüdischer Geschäfte einen besonderen Antrieb durch die im November ergangenen Verordnungen. Die Kreishauptmannschaft wählte im Einvernehmen mit der Kammer, dem jeweiligen Kreiswirtschaftsberater und der DAF[97] diejenigen Geschäfte aus, die für eine Arisierung überhaupt ausschieden und die infolgedessen zu liquidieren waren. Für diese Geschäfte wurden die vorgesehenen Abwickler bestellt. Die restlichen noch verbliebenen jüdischen Einzelhandelsgeschäfte sind arisiert worden, so dass jüdische Einzelhandelsgeschäfte im Bezirk nicht mehr bestehen. Dabei sind allerdings die wenigen Einzelhandelsgeschäfte auszunehmen, deren Inhaber Juden ausländischer Staatsangehörigkeit sind, denn diesen ist – theoretisch wenigstens – die Weiterführung ihrer Geschäfts nach dem 1.1.1939 gestattet worden.
Auch die Überführung der jüdischen Hersteller- und Großhandelsbetriebe in arische Hand oder deren Liquidation macht laufend Forschritte. Durch

95 Staatsarchiv Chemnitz, 30874 / 19, Bl. 223.
96 Staatsarchiv Chemnitz, 30874 / 19, Bl. 242.
97 DAF = Deutsche Arbeitsfront. NS-Ersatzorganisation für die 1933 verbotenen Gewerkschaften, in der Unternehmer und Arbeitnehmer „zusammenwirkten".

die Verordnung über den Einsatz jüdischen Vermögens vom 3. Dezember 1938 ist auch eine beschleunigte Abwicklung des ganzen Prozesses eingetreten. Die weitaus überwiegende Zahl der Unternehmen dürfte der Liquidation verfallen. Eine Erhaltung und Überführung in arische Hand wird nur in sehr beschränktem Umfang Platz greifen. Im Ganzen gesehen besteht für uns kein Zweifel, dass die Erreichung des angestrebten Zieles, nämlich die restlose Befreiung der Wirtschaft von Juden, zumindest für unseren Bezirk in kurzer Zeit vollkommen erreicht sein wird."[98]

Das sollte sich allerdings als unzutreffend erweisen, denn die „Entjudung" zog sich auch im Chemnitzer Bezirk noch bis 1941 hin. Die Ausführungen Schönes gingen mit großer Wahrscheinlichkeit auf eine Vorlage Linses zurück, wenn sich auch kein entsprechendes Aktenzeichen findet. Es war nämlich die selbstverständliche Pflicht der Referenten, dem Präsidenten der Kammer für seinen Jahresbericht zuzuarbeiten. Auch entsprachen die Ausführungen Schönes dem sprachlichen Stil Walter Linses. Am 11. Februar 1939 berichtete die Lokalpresse mit vielen Zitaten über den Jahresbericht und die „Durchführung der Arisierung" in Chemnitz.[99] Linse selbst antwortete der DAF am 29. April 1939 auf eine Anfrage zum Stand der „Arisierung": Vor 1938 gab es im Kreis Chemnitz 41 jüdische Einzelhandelsgeschäfte. Am 12. November 1938 waren es noch 37, seither wurden 11 Geschäfte „entjudet" (darunter das Schuh-Geschäft J. Speier), zwei Verfahren waren noch anhängig (Küchenhaus Max Berdaß und Leipziger Fahrradhaus) und 24 jüdische Einzelhandelsgeschäfte wurden abgewickelt oder befanden sich in Abwicklung (darunter das Kaufhaus Tietz).[100]

Linse beschrieb seine Tätigkeit 1941 so: „Die Industrie- und Handelskammern sind in Entjudungsangelegenheiten seit dem 26. April 1938, d.h. dem Tage des Erlasses der Verordnung über den Einsatz des jüdischen Vermögens, ... beteiligt. In allen von uns seit dem erstatteten Gutachten haben wir ... den jeweiligen Verkehrswert des zu entjudenden Unternehmens ... ermittelt und den vereinbarten Kaufpreis ... nur dann gebilligt,

98 Staatsarchiv Chemnitz, 30874 / 19, Bl. 242f.

99 Ebd., Bl. 268.

100 Schreiben an die Kreisleitung Chemnitz der DAF betr. „Entjudung des Einzelhandels" vom 29. April 1939, in: Staatsarchiv Chemnitz, 30874 / 701, Bl. 319.

wenn er dem von uns in der geschilderten Weise errechneten Kaufpreis entsprach. Wenn der vereinbarte Kaufpreis den Verkehrswert überstieg, so haben wir vorgeschlagen, ihn auf diesen herabzusetzen. Lag der vereinbarte Kaufpreis unter dem von uns ermittelten angemessenen Kaufpreis, so wurde in unserem Gutachten beantragt, vom Käufer ... eine Reichsausgleichsabgabe zu erheben, die nach den einschlägigen Vorschriften bis zu 70 % des Differenzbetrages betragen kann. Stets haben wir hierbei diesen gesetzlich zulässigen Höchstprozentsatz vorgeschlagen und in allen Fällen bis auf zwei, bei denen besonders gelagerte Umstände vorlagen, ist Herr Regierungspräsident zu Chemnitz unserem Gutachten auch gefolgt ... Es ist also festzustellen, daß in allen im Kammerbezirk durchgeführten Entjudungsgeschäften angemessene und den einschlägigen Vorschriften entsprechende Übernahmepreise gezahlt worden sind, bezw. dass ... ein entsprechender Ausgleich ... herbeigeführt wurde, wenn die Parteien keine den Verkehrswerten entsprechenden Kaufpreise vereinbart hatten."[101]

Ende 1938 hatte Linse vermerkt: „Die Käufer erlangen einen wirtschaftlich gesunden, mit gutem Gewinn arbeitenden, seit langen Jahren bestens eingeführten Betrieb und erstatten dafür – wie oben ausgeführt worden ist – nur die realen Geschäftswerte. Der von ihnen zu zahlende Kaufpreis stellt daher, allgemeinwirtschaftlich gesehen, kein gerechtes Entgelt für sämtliche Vorteile dar, in deren Genuß sie kommen. Da die Erlangung aller dieser Vorteile das ausschließliche Verdienst der nationalsozialistischen Politik, die zur Entjudung der deutschen Wirtschaft führte, ist, erscheint es billig und gerecht, wenn auch die Allgemeinheit an diesen Vorteilen teilnimmt und zwar in der Weise, daß den Käufern im Wege der Auflage eine Abgabe zugunsten des Reiches (vgl. § 15 Abs. 1 der Anordnung vom 3. Dezember 1938) zur Pflicht gemacht wird."[102] Zur Zusammenarbeit mit der NSDAP vermerkte Linse 1939, dass er „in allen Entjudungsverfahren mit den Chemnitzer Parteidienststellen stets bestens zusammengearbeitet und insbesondere stets deren Wünsche in vollem Umfange (Unterstreichung Linse, Anm. d. Verf.) berücksichtigt habe. Dies gilt insbesondere

[101] Schreiben Linses an die NSDAP-Kreisleitung Glauchau vom 14. Januar 1941, Staatsarchiv Chemnitz, 30874 / 702, Bl. 16-26.

[102] Gutachten für den Kreishauptmann in Chemnitz vom 17. Dezember 1938, Staatsarchiv Chemnitz, 30874 / 702, Bl. 38-42.

hinsichtlich der Benennung von Abwicklern, Treuhändern und der Entscheidung zwischen mehreren Interessenten für ein Entjudungsobjekt.[103]

Walter Linse war gewiß kein Krawall-Antisemit. Offene Judenhetze und die Brüskierung der jüdischen Firmen- und Geschäftsinhaber, mit denen er zu tun hatte, lagen ihm fern. Sie hätten seine Arbeit auch nur erschwert. Denn als antisemitischer Eiferer hätte er mit Vorbehalten jedenfalls auf Seiten seiner jüdischen Opfer rechnen müssen. Das Vertrauen vieler und gerade der assimilierten Juden in den deutschen Staat und seine Bürokratie war dagegen so groß, dass sie sich selbst „Entjudungsreferenten" wirtschaftlich fast vollständig auslieferten. Das aber hätten die Betroffenen gegenüber eifernden Antisemiten nicht getan. So pflegte Walter Linse den Eindruck eines korrekten Beamten, der nur eine gesetzliche Vorgabe, nämlich die „Entjudung" der Wirtschaft, umsetzte. Dabei spielte er gern den „redlichen Kaufmann", der alle Seiten zu ihrem Recht kommen ließ und korrekt und ausgleichend wirkte. Das entsprach dem Selbstverständnis und dem Auftreten der Industrie- und Handelskammern in der damaligen Zeit.

Tatsächlich aber war Linse nicht frei von antisemitischen Vorurteilen und Auffassungen, was die Durchsicht seiner schriftlichen Hinterlassenschaft zeigt. So führte er einen angeblich verschwenderischen Umgang mit Vermögenswerten auf die „jüdische" Herkunft der Beteiligten zurück. Bei der Strumpf- und Handschuhfabrik Anna Arzberger Nachfolger AG in Chemnitz konstatierte er zum Beispiel starke Gewinnrückgänge aufgrund übersetzter Zahlungen an die „jüdischen Mitarbeiter der Geschäftsleitung."[104] Hinsichtlich der Pelztierfarm Malepartus in Langenhennersdorf führte Linse aus, dass sich der „jüdische Eigentümer" Cohn ein Jagdhaus mit Garten und Schwimmbad anlegen ließ, das er „zur Befriedigung seines Vergnügungs- und Luxusbedürfnisses verwendete".[105] Und zur Färberei Kunath & Mecklenburg G.m.b.H. in Oberlungwitz bemerkte Linse: „Die Anlagen entsprechen allerdings verschiedentlich einer typisch jüdischen Betriebsführung. Neben sehr gediegenen und modern eingerichteten Ar-

[103] Aktennotiz Linses zu einem Schreiben des Regierungspräsidenten vom 22. Mai 1939, 30874 / 701, Bl. 130-132.

[104] Staatsarchiv Chemnitz, 30874 / 701, Bl. 97-102.

[105] Staatsarchiv Chemnitz, 30874 / 701, Bl. 259-270.

beitsräumen bestehen einige Holz- und Blechbaracken, die zum Abbruch reif sind."[106]

Weiter hieß es in einer Stellungnahme: „Der von Herrn Regierungspräsidenten in Entjudungsangelegenheiten in wohl allen Fällen verfügten Auflage, dass Außenstände des zu entjudenden Unternehmens von dem arischen Käufer treuhänderisch gegen Gewährung einer Inkassoprovision in Höhe von 5 % einzuziehen sind, lag der Gedanke zu Grunde, die arischen Schuldner eines vormals jüdischen Unternehmens in Zusammenhang mit seiner Entjudung aus ihrer unmittelbaren Schuldverpflichtung gegenüber einem Juden zu befreien, um rigorose jüdische Beitreibungsmethoden und gerichtliche Auseinandersetzungen zwischen Juden und Ariern tunlichst zu vermeiden."[107] Im Fall des Chemnitzer Strumpfgroßhandels Jakoup Bagdadlioglu führte Linse 1941 aus: „Der von Bagdadlioglu nunmehr freiwillig, wenngleich in der Zwangslage seiner Inhaftierung abgeschlossene Vertrag vom 19. November 1940, bietet nunmehr (sic!) eine willkommene Gelegenheit, das einzige jüdische Unternehmen, das im hiesigen Bezirk noch vorhanden ist, im Wege der Entjudung zum Verschwinden zu bringen, nachdem dies im Wege einer zwangsweisen Abwicklung nicht gelungen ist und möglicherweise auch künftig nicht gelingen wird. Die Möglichkeit, das letzte jüdische Unternehmen zu beseitigen, stellt u.E. unter Berücksichtigung der bezirklichen Interessen an einer absolut judenfreien Wirtschaft einen so bedeutenden Umstand dar, daß ihm gegenüber die Tatsache der Nichterhaltungswürdigkeit zurücktreten kann und muß."[108]

Was Linse hier zu Papier brachte, war kein Krawall-Antisemitismus im Stile eines Julius Streicher und seines Hetzblatts „Der Stürmer", sondern es waren tief verwurzelte antijüdische Ressentiments und Klischees, die damals in weiten Teilen der deutschen Gesellschaft verbreitet waren. Demnach waren jüdische Verwandtschaftsbeziehungen undurchsichtig. Jüdische Mitarbeiter von Geschäftsleitungen wendeten sich übersetzte Entgelte zu. Jüdische Unternehmer hatten „Vergnügungs- und Luxusbedürfnisse", denen sie in eigenen Jagdhäusern und Schwimmbädern frönten. Es gab eine „typisch jüdische Betriebsführung". Es existierten „rigorose jüdische

[106] Staatsarchiv Chemnitz, 30874 / 694, Bl. 84-322.
[107] Staatsarchiv Chemnitz, 30874 / 701, Bl. 217f.
[108] Staatsarchiv Chemnitz, 30874 / 701, Bl. 135-140.

Beitreibungsmethoden", wenn es ums Geld ging. 1941 war es dann ein großer Wunsch Linses, das letzte jüdische Unternehmen im Bezirk Chemnitz „im Wege der Entjudung zum Verschwinden zu bringen". Es war eine Art vornehm-bourgeoiser Antisemitismus, den Walter Linse in seinen Gutachten zum Ausdruck brachte. In den „besseren Kreisen" des deutschen Besitz- und Bildungsbürgertums raunte man sich Derartiges gern ins Ohr.

Walter Linse beherrschte die Erstellung der „Arisierungs-" oder Liquidations-Gutachten bald virtuos. Seine gediegenen juristischen Kenntnisse, sein wirtschaftlicher Sachverstand, sein Organisationstalent und seine sprachliche Darstellungskraft kamen hier in vollem Umfang zur Geltung. Dabei adaptierte Linse am liebsten den in der IHK gepflegten Stil des „redlichen Kaufmanns", der scheinbar in fairer Weise vermittelte und alle zu ihrem Recht kommen ließ, obwohl es tatsächlich um die Exekution gesetzlichen Unrechts durch wirtschaftliche Ausplünderung der rechtlos gestellten Juden ging. Seine Arbeit erledigte Linse schnell, geräuschlos, zupackend und effektiv. Fanatismus oder offen demonstrierter Antisemitismus hätten nur gestört. Der Flüster-Antisemitismus des gehobenen Besitz- und Bildungsbürgertums reichte aus. Wie die deutschen Richter und Staatsanwälte, so errichtete der „Entjudungsreferent" Walter Linse bei der IHK Chemnitz eine Legalitätsfassade vor dem nationalsozialistischen Unrecht.

6. Die praktische Umsetzung der „Entjudung" durch Linse

Anhand von sechs Einzelfällen wird im Folgenden die „Arisierung" und Liquidation jüdischer Betriebe unter der Federführung Linses geschildert. Den Schwerpunkt der „Arisierungen" bildeten Betriebe der Textilproduktion und des Textilhandels. Sie wurden „arisiert", wenn sie volkswirtschaftlich von Bedeutung waren; andernfalls sollte die Liquidation erfolgen. Es wurden aber auch Geschäfte und Läden „arisiert", wenn sie für die Versorgung der Bevölkerung als erforderlich galten. Die „arisierten" Betriebe stellten den wirtschaftlich interessanteren Teil der Firmen dar. Auch die Liquidation erfolgte unter der Aufsicht Linses durch die Betroffenen selbst oder – wenn sie inhaftiert oder abgeschoben worden waren – durch einen meist auf seinen Vorschlag eingesetzten Treuhänder bzw. Abwesenheitspfleger. Die Gutachten und Stellungnahmen Linses bildeten die

Grundlage für die Entscheidung der höheren Verwaltungsbehörde. Sie hatte den Verkauf zu genehmigen, was meist mit Auflagen verbunden war, die Linse angeregt hatte. Bei Liquidationen verfolgte die Behörde den Vollzug und zwar durch Berichte Linses. Höhere Verwaltungsbehörde war bis Ende 1938 die Kreishauptmannschaft und danach das Regierungspräsidium Chemnitz. Der Bezirk der IHK Chemnitz und damit die örtliche Zuständigkeit Linses erstreckte sich neben der Stadt Chemnitz auf die Landkreise Annaberg, Chemnitz, Döbeln, Flöha, Glauchau, Marienberg, Rochlitz und Stollberg.

6.1. Der Fall der Trikotagenfabrik Leyser – „Arisierung“ April 1939

Ein aufschlussreicher Fall ist der des kleinen Betriebs von Martin Leyser in Siegmar-Schönau bei Chemnitz.[109] Er zeigt zunächst, wie die lächerlich geringen Kaufpreise zu „arisierender“ Betriebe ermittelt wurden. Er macht weiter deutlich, welche wichtige Rolle die Gau- bzw. Kreiswirtschaftsberater der NSDAP spielten. Und er dokumentiert, dass das Unrecht der „Entjudung“ nicht selten von weiteren rechtswidrigen Vorgängen begleitet wurde. Leysers 1919 gegründete Firma stellte vor allem Sportbekleidung her. Die Produkte waren gefragt und wurden von Warenhäusern sowie von Textil- und Schuhfachgeschäften abgenommen. Dabei war eine rasche Bezahlung üblich, so dass ohne Bankkredite gearbeitet werden konnte. Der Betrieb galt auch sonst als finanziell „gesund“. Der Exportanteil lag bei etwa zehn Prozent. Der Umsatz belief sich 1937 auf 64.689 RM und war seit 1933 kontinuierlich gestiegen. Das war auch beim Gewinn so, der sich 1937 auf 10.172 RM belief, was etwa dem Dreifachen des Jahreseinkommens eines Facharbeiters oder „kleinen Angestellten“ entsprach. Der Betrieb zählte sieben Arbeiter und 16 Heimarbeiterinnen. Bereits im August 1938 bot Leyser die Firma zum Verkauf an. In einem Exposé dazu schrieb er: „Der Grund des Verkaufs ist, weil der Inhaber nichtarisch ist.“[110]

[109] Der Vorgang zur „Arisierung“ des Betriebs von Leyser findet sich in: Staatsarchiv Chemnitz, 30874 / 691, Bl. 207-282.

[110] Exposé Leysers zum Verkauf seines Betriebs ohne Datum (August 1938), in: Ebd., Bl. 207f.

Den Wert seines Unternehmens ohne „Goodwill", also ohne Berücksichtigung der Geschäftsbeziehungen, der eingeführten Produktpalette und der Funktionstüchtigkeit des Betriebs, hatte Leyser auf 17.850 RM geschätzt. Dabei berücksichtigte er – den Vorgaben entsprechend – nur den Wert der Maschinen, des Inventars, des Warenlagers und der Außenstände. Ein Interessent für die Übernahme war in der Gestalt des Kaufmanns Alfred Esche aus Chemnitz bald gefunden. Er wurde 1908 geboren, hatte in einer Textilfabrik Kaufmann gelernt und war seither stets in der Branche tätig. Um den Kaufpreis zu drücken, holte er mit Linse ab September 1938 Auskünfte und Gutachten zum Wert des Betriebes von Leyser ein. Dabei wurde beim Wert der Maschinen, des Warenlagers etc. stets von den ungünstigsten Annahmen ausgegangen. So gelang es, den Preis von knapp 18.000 RM, den Leyser ermittelt hatte, um weitere 10.000 RM zu mindern. Esche sollte nur noch einen Spottpreis von 7.500 bis 8.000 RM für den hervorragend eingeführten Betrieb zahlen – d.h. weniger als einen Jahresgewinn! Entsprechend wurde es im Kaufvertrag vom 29. November 1938 festgelegt.[111]

Gleichwohl kam die eigentliche „Arisierung" im Herbst 1938 nicht voran. Insbesondere zögerte Linse mit der Erstattung seines Gutachtens. Denn der NSDAP-Kreiswirtschaftsberater hielt den Betrieb nicht für „arisierungswürdig", da er nach seiner Auffassung zu klein und unbedeutend war. Dagegen wandte sich im Januar 1939 im Einvernehmen mit Linse der Käufer Esche. Denn bei den Produkten der Firma Leyser handelte es sich fast durchweg um konkurrenzlose Spezialartikel, die sogar eine nicht unerhebliche Steigerung der Produktion erwarten ließen. Dem verschloss sich der Kreiswirtschaftsberater Weinhold nicht und schrieb am 1. Februar 1939: „Herr Alfred Esche, Chemnitz, ... hat mir eine Reihe von Aufträgen (für den zu „arisierenden" Betrieb, Anm. d. Verf.) vorgelegt. Meine weiteren Feststellungen, dass es sich bei den Fabrikaten dieser Firma um Spezialartikel handelt, haben mich zu der Entschließung geführt, Ihnen mitzuteilen, dass ich gegen die Arisierung nichts mehr einzuwenden habe."[112]

[111] Vgl. hierzu das Gutachten Linses an den Regierungspräsidenten vom 4. Februar 1939, in: Ebd., Bl. 278-281.

[112] Schreiben vom 1. Februar 1939, in: Ebd., Bl. 252.

Darauf erstattete Linse am 4. Februar 1939 sein Gutachten an den Regierungspräsidenten. Er erklärte nochmals: „Die Kammer bejaht die Erhaltungswürdigkeit dieses ... wirtschaftlich gesunden und mit annehmbaren Gewinnen arbeitenden Betriebes ...“ Den Käufer Esche bezeichnete Linse „als zur Übernahme und Führung des zu arisierenden Betriebes“ geeignet. Weiter führte er aus: „Hinsichtlich seiner persönlichen Zuverlässigkeit sind keine Bedenken beanzeigt (sic!). Den Nachweis seiner arischen Abstammung hat er uns erbracht. Er hat fernerhin nachgewiesen, dass er über die zur Übernahme des Betriebes erforderlichen rund RM 7.500,-- bis RM 8.000,-- verfügt.“[113] Dazu hatte Esche eine entsprechende Kreditzusage der „Chemnitzer Girobank“ vorgelegt. Zum Übernahmevertrag zwischen Esche und Leyser vom 29. November 1938 führte Linse noch aus, dass die Fortführung des Firmennamens unzulässig sei, dass der Preis für die Übernahme der Maschinen und des Materials in Höhe von 5050,00 RM von einem Gutachten der IHK auf seine Veranlassung ermittelt worden war, und dass dem Käufer für den treuhänderischen Einzug von Außenständen eine Provision von 5 % zu gewähren war. Diese Hinweise sollten durch Auflagen des Regierungspräsidenten umgesetzt werden.

Noch bevor der Regierungspräsident am 11. April 1939 die Genehmigung erteilte, wurde Linse erneut mit dem Vorgang befasst. Am 25. März schrieb ihm nämlich der NSDAP-Kreiswirtschaftsberater Hauschild: „Der Jude Leyser hat offenbar in seinem Besitz noch einen Schuldtitel über RM 750.00 gegen einen Helmut Zimmermann, Plauen/Vogtl., Morgenbergstr. Nr. 8. Die Forderung rührt her aus einem Mietverhältnis, welcher (sic!) der Zimmermann mit dem Juden Leyser bestehen hatte und in dem er sich betrogen fühlt. Ich habe den Wunsch, dass Maßnahmen getroffen werden können, um den Z. davor zu bewahren, die RM 750.00 an den Juden zu bezahlen. Ich bitte darum zunächst um Nachprüfung, ob der Jude L. dem Erwerber seines Unternehmens die Schuld des Z. etwa mit verkauft bezw. ob der Betrag in der Bilanz irgendwie mit verzeichnet ist. Für Ihre Bemühungen danke ich Ihnen.“[114] Darauf reagierte Linse sofort. Noch am 28. März 1939 schrieb er mit Briefbogen der Kammer an Leyser unter dem Betreff: „Arisierung Ihres Gewerbebetriebs“: „Wir ersuchen Sie, bei unse-

[113] Gutachten Linses an den Regierungspräsidenten vom 4. Februar 1939, in: Ebd., Bl. 278-281.

[114] Schreiben Hauschilds vom 25. März 1939 an Linse, in: Ebd., Bl. 258.

rem Sachbearbeiter Dr. Linse während der Sprechzeit (9 ½ bis 12 Uhr) alsbald einmal vorzusprechen.“[115] Das tat Leyser am 30. März 1939.

Über das Treffen fertigte Linse am 21. April 1939 folgende Aktennotiz: „Am 30. März 1939 spricht der Jude Leyser vor und erklärt: ‚Es ist richtig, dass ich gegen einen gewissen Helmut Zimmermann in Plauen einen rechtskräftigen Schuldtitel über RM 750,-- besitze. Diese Forderung habe ich aber bereits seit längerer Zeit abgeschrieben, und ich werde demzufolge aus diesem Schuldtitel gegen Zimmermann nicht mehr vorgehen.’ Am 3. April 1939 unterrichtete ich Herrn Kreiswirtschaftsberater Hauschildt gelegentlich seines fernmündlichen Anrufes in einer anderen Angelegenheit über das Ergebnis meiner Verhandlungen mit Leyser, wobei ich deutlich zum Ausdruck bringe, dass dieser seinen Verzicht auf seine Rechte aus dem gegen Zimmermann erwirkten Schuldtitel nur erklärt habe, weil er die Forderung bereits seit längerer Zeit abgeschrieben hatte. Weiterhin bringe ich zum Ausdruck, dass es grundsätzlich unmöglich ist, Juden, die Ariern gegenüber ausgeklagte oder unstreitige Forderungen besitzen, zu bewegen, auf diese Ansprüche zu verzichten. Herr Hauschild erklärte mir, dass dies auch seine Auffassung sei.“[116]

Linse und Hauschild war mithin klar, dass ausgeklagte oder unstreitige Forderungen, also vollstreckbare Titel, nach der Rechtsordnung auch dann gültig waren, wenn sie von Juden erwirkt worden waren. Gegenüber Martin Leyser übten sie mithin in Kenntnis der Rechtswidrigkeit einen unzulässigen Druck aus, auf seine Forderung zu verzichten. Denn was sollte der jüdische Gläubiger hier anderes tun, als denjenigen nachzugeben, die über die „Arisierung“ seines Geschäfts entschieden? Hinzu trat der außernormative Terror, dem „der Jude Leyser“ ebenfalls ausgesetzt war. Das Pogrom vom 9. November 1938 lag nicht lange zurück. Allein aus Chemnitz waren Hunderte Juden nach Polen abgeschoben oder ins KZ Buchenwald verschleppt worden. Was also blieb Leyser übrig, als zu erklären, er werde „aus diesem Schuldtitel gegen Z. nicht mehr vorgehen“? Typisch war hier zudem, dass die öffentlich-rechtliche Genehmigung des Verkaufs des Betriebes von Leyser mit dem privaten Interesse eines Günstlings des Kreiswirtschaftsberaters verquickt wurde. Linse erwies sich dabei als eilfertig

115 Schreiben Linses an Leyser vom 28. März 1939, in: Ebd., Bl. 260.
116 Aktennotiz Linses vom 21. April 1939, in: Ebd., Bl. 262.

gegenüber dem Kreiswirtschaftsberater. Denn der hatte ja nur um Auskunft gebeten, ob Leyser seinen Titel gegen Zimmermann in die Bilanz seines Betriebes eingebracht hatte. Linse aber hielt sich nicht mit der Auskunft auf, sondern präsentierte gleich einen Forderungsverzicht.

Knapp vierzehn Tage nach dem „Gespräch“ Linses mit Leyser erließ der Regierungspräsident am 11. April 1939 den Bescheid zur Übernahme des Betriebs durch Esche. Dabei wurden ihm folgende Auflagen gemacht: 1. Verwendung eines neuen Firmennamens, 2. Keine Übernahme jüdischer Beschäftigter, 3. Warenbezug nur von arischen Firmen, 4. Übernahme und Weiterbeschäftigung der „arischen“ Mitarbeiter, 5. kein Abschluss von Pacht- und Mietverträgen mit Juden, 6. Benachrichtigung von Finanzamt und Devisenstelle vom Besitzerwechsel, 7. Einzug der Außenstände durch den Käufer gegen eine Provision von 5 %, 8. Zahlung von 10 % des Gesamtkaufpreises als Reichsausgleichsabgabe.[117] Zehn Tage später, am 21. April 1939, versandte Esche folgendes Rundschreiben an die Kundschaft: „Sehr geehrte Herren! Ich teile Ihnen hierdurch höflich mit, dass ich das Unternehmen der Firma Martin Leyser Co., Siegmar-Schönau, mit Genehmigung der zuständigen Behördenstellen käuflich erworben habe und unter der neuen Firma ALFRED ESCHE führen werde. Die laufenden Lieferungsverträge werden von mir übernommen. Ich werde mich bemühen, die Verbindung mit Ihnen zu pflegen und angenehm zu gestalten und hoffe gern, dass Sie mir Ihr geschätztes Vertrauen entgegenbringen werden. Heil Hitler! Alfred Esche.“[118] Damit war eines von Hunderten „Arisierungsverfahren“ im Bezirk der IHK Chemnitz abgeschlossen.

6.2. Der Fall „Chemische Werke Meerane“ – „Arisierung“ Juli 1939

Der zweite Fall, der die Chemischen Werke Meerane betraf, dokumentiert ebenfalls, wie der Wert jüdischer Betriebe geringgerechnet wurde und wie sehr sich im Zuge der „Arisierung“ Parteigänger der NSDAP Vorteile verschaffen konnten – und zwar noch über das Unrecht der „Entjudung“

[117] Genehmigungsbescheid des Regierungspräsidenten vom 11. April 1939 zum Az. A.W. VIII E. 3/38, in: Ebd., Bl. 276f.

[118] Gedrucktes Rundschreiben Esches vom 21. April 1939, in: Ebd., Bl. 265.

hinaus. Linse erstattete sein Gutachten im Juli 1939.[119] Es ging um eine 1888 gegründete Firma mit kleinen Fabriken in Lugau und Meerane zur Herstellung von Färbereihilfsmitteln, Glaubersalz, Apparaturmitteln, Textilseifen- und -ölen, Industrie-Klebstoffen etc. Zudem wurde Großhandel mit chemischen Produkten betrieben. Die Zahl der Mitarbeiter betrug zuletzt 49 Personen. Die Umsätze lagen 1936 bis 1938 zwischen 821.000 und 1.002.000 RM. Der Exportanteil war gering. Das Stammkapital der Firma in Höhe von 200.000 RM verteilte sich so: Jos. Wertheim 60.000 RM, Dipl-Ing. Rud. Wertheim 35.000 RM, Felix Wertheim 35.000 RM, Friedrich Wertheim 35.000 RM, W. Wertheim Erben 15.000 RM und Ewald Lüde als „arischer" Prokurist 20.000 RM. Von 1936 bis 1938 wurden jährlich zwischen 13.000 und 27.000 RM Gewinn bilanziert. Angeblich war der Gewinn aber wesentlich höher, da sich die Gesellschafter hohe „Gehälter" auszahlten. Die Firma galt als „arisierungswürdig".

Als Käufer trat Erich Erichsen aus Wernigerode auf. Er stammte aus Segeberg in Holstein, wo er das Humanistische Gymnasium besucht hatte, ohne das Abitur zu erlangen. 1911 bis 1914 lernte er in einem Hamburger Exportgeschäft Kaufmann. Danach nahm er als Freiwilliger, Vizewachtmeister und Offiziersanwärter am Ersten Weltkrieg teil und erhielt das Eiserne Kreuz I. und II. Klasse. Durch eine schwere Verwundung verlor er 1918 den linken Unterschenkel. In seinem Lehrbetrieb war er 1920 bis 1924 als Einkäufer tätig. Danach gründete er ein eigenes Geschäft, das er 1927 wieder aufgab, um Prokurist in einem chemischen Fabrikationsbetrieb in Wernigerode zu werden. Erichsen war zunächst Mitglied der DNVP und trat am 1. Juni 1929 zur NSDAP über. Seither war er Ortsgruppenleiter in Wernigerode. Er fungierte ab 1929 auch als Fraktionsführer der NSDAP im Stadtparlament und im Kreistag. „Seine persönliche und politische Zuverlässigkeit sind hiernach selbstverständlich ohne weiteres zu bejahen. Auch in fachlicher Hinsicht können keine Bedenken geltend gemacht werden ...", schrieb Linse im Gutachten.

Erichsen wollte nun nicht die jüdischen Gesellschafteranteile übernehmen, sondern von der in Liquidation befindlichen Gesellschaft die Grundstücke

119 Alle nachstehenden Angaben sind dem Gutachten entnommen, in: Staatsarchiv Chemnitz, 30874 / 701, Bl. 147-153.

samt Gebäuden und Betriebseinrichtungen sowie das Warenlager abkaufen. Der Treuhänder sollte dann aus der Liquidationsmasse die Gesellschafter auszahlen, nachdem er die Verbindlichkeiten abgelöst hatte. Nur der Prokurist Lüde sollte für seinen Anteil den Nennbetrag von 20.000 RM erhalten. Insgesamt konnte Erichsen den Betrieb so viel günstiger übernehmen, als es die Auszahlung sämtlicher Kommanditisten erlaubt hätte. Das war auch Linse klar. Aber gegenüber dem NS-Aktivisten artikulierte er keine Einwände. Sogar der Name „Chemische Werke Meerane“ durfte weitergeführt werden. Das galt auch für das Warenzeichen „Meranol“. Die Belegschaft sollte übernommen werden. Technisch hatte ein akademisch gebildeter Chemiker die Verantwortung für die Produktion zu tragen.

Hinsichtlich des Kaufpreises fertigte der vereidigte Ingenieur Korndörfer in Chemnitz im Auftrag der Kammer ein Gutachten. Er errechnete für beide „teilweise recht erneuerungsbedürftigen“ Fabrikationsstätten nach dem „Einheitswert“ von 1935 einen Gesamtwert von 147.330 RM. Das war ein Spottpreis für die Liegenschaften samt den Produktionsanlagen. Doch Erichsen drückte den Kaufpreis noch weiter auf 117.330 RM. Für den gekürzten Betrag von 30.000 RM mussten nach seinen Angaben „Luftschutzräume, Aufenthaltsräume für die Belegschaft, sanitäre Anlagen usw.“ errichtet werden. Ob auf den Betrag von 30.000 RM eine „Arisierungsabgabe“ entrichtet werden sollte, stellte Linse dem Regierungspräsidenten anheim. Er meinte aber, dass Erichsens „Verdienst um die nationalsozialistische Bewegung“ berücksichtigt werden sollte. Das Warenlager konnte er zum „Selbstkostenpreis“ übernehmen, der durch ein Gutachten zu ermitteln war. Sogar vom Kaufpreis sollte der 100.000 RM übersteigende Betrag zunächst für sechs Monate gestundet werden, was nicht üblich war. Die Abwicklung der KG sollte in neun Monaten erfolgen. Kaum einem anderen Übernehmer wurden so günstige Preise und Konditionen eingeräumt wie dem „verdienten Parteigenossen“ Erichsen.

6.3. Der Fall Gürtel-Fabrikation Max Cohn – Liquidation Dezember 1939

Die beiden nachfolgenden Fälle zeigen, welch einschneidende Konsequenzen die Liquidation jüdischer Betriebe für die Betroffenen hatte. Im ersten Fall ging es um den Betrieb von Max Cohn, der in Annaberg eine Posamten-, Gürtel-, Mützen und Taschenfabrikation betrieb.[120] Cohn fragte am 14. Januar 1939 bei der Industrie- und Handelskammer an, ob seine Firma wie jüdische Einzelhandelsgeschäfte abzuwickeln sei, da er ja Fabrikation betreibe. Linse verneinte dies. Jedenfalls bis zur Entscheidung über „Arisierung" oder Liquidation konnte weiter gearbeitet werden. Es folgte eine Anordnung zur Abwicklung durch den Regierungspräsidenten. Am 15. September 1939 fragte Linse deshalb nach, ob die Abwicklung erfolgt sei. Am 29. September 1939 berichtete Cohn über einen Teilverkauf des Lagers. Am 5. November 1939 starb Max Cohn über der Liquidation seiner kleinen Firma, die seinen Lebensinhalt bedeutet hatte. Am 25. November 1939 teilte die Ehefrau Linse den Tod ihres Mannes mit. Sie hatte zwischenzeitlich alles Inventar verkauft und das Gewerbe abgemeldet.

6.4. Der Fall Großhandel Leopold Stern – Liquidation Dezember 1939

Der zweite Fall legt darüber hinaus das Selbstverständnis der beteiligten „Treuhänder" und „Abwickler" offen, die etwas „abzuschöpfen" hofften. In einer Stellungnahme vom Januar 1940 empfahl Linse dem Regierungspräsidenten, auch den Textil-Großhandel von Leopold Stern in Chemnitz zu liquidieren.[121] Als Treuhänder für die Abwicklung schlug er den Dipl.-Kaufmann Hermann Vogel vor. Vogel musste den Auftrag aber zurückgeben, da er ab 1. April 1939 in Leipzig tätig war. Als neuen Treuhänder benannte Linse am 3. April 1939 den Kaufmann Robert Reinwardt in Mittelbach bei Chemnitz. Er erstattete am 7. Mai folgenden „Bericht": „Stern hat sein Geschäft von seiner Wohnung aus betrieben, hat weder Kontor-Einrichtung noch Ware, und dürfte m.E. nach sein Geschäft nur mit Ramsch-Posten gemacht haben. Grundstücke sind nicht vorhanden."[122]

[120] Die nachfolgenden Angaben sind dem Vorgang Linses zu diesem Betrieb entnommen, in: Staatsarchiv Chemnitz, 30874 / 693, Bl. 36-50.

[121] Die nachstehenden Angaben sind dem Vorgang Linses zu diesem Fall entnommen, in: Staatsarchiv Chemnitz, 30874 / 695, Bl. 257-284.

[122] Schreiben Reinwardts an den Regierungspräsidenten vom 7. Mai 1939, in: Ebd., Bl. 268.

Gegenüber der IHK beklagte sich Reinwardt, dass ihm nur solche wertlosen Betriebe zur Abwicklung übertragen wurden. Wörtlich führte er aus: „Ich werde darin gestärkt durch die Äußerung ... ‚das Fett wäre bereits abgesch ...' Demnach muß ich annehmen, dass es sehr gute Abwickler-Möglichkeiten gegeben hat.“[123] Darauf antwortete Linse am 13. Mai 1939, dass die Kammer „es selbst stets aufrichtig“ bedauert habe, wenn Aufträge an Reinwardt erfolglos blieben, weil die Inhaber ihre Betriebe selbst abgewickelt hatten oder dies gar nicht nötig war. Doch: „Von den zur Zeit noch laufenden Anträgen, Sie als Abwickler zu bestellen, dürfte es bei dem sich auf die Firma Salomon Rubinstein beziehenden Antrag möglich sein, Ihnen ein Abwicklungsprojekt an die Hand zu geben, das in wirtschaftlicher Hinsicht die Mühewaltung lohnen dürfte.“ Doch auch dies war nicht der Fall.[124] Der Regierungspräsident erklärte am 27. Juni 1939 auf den Bericht, dass er „den Sternschen Gewerbebetrieb als bereits aufgelöst“ ansah.

Am 13. Dezember 1939 teilte die NSDAP-Kreisleitung Chemnitz mit, dass „der Jude Leopold Stern ... Großhändler in Schokolade und Zuckerwaren ist“.[125] Am 19. Dezember 1939 erschien Stern auf Vorladung bei Linse und erklärte: „Ich bin deutscher Staatsangehöriger und habe in Chemnitz, und zwar von meiner ... Wohnung aus, den Großhandel mit Tabak-, Schokoladen- und Zuckerwaren betrieben.“ Der Umsatz betrug 1938 10.000 bis 12.000 RM und im 1. Halbjahr 1939 6.000 RM. Weiter erklärte Stern: „Im Juli 1939 habe ich das Gewerbe beim Gewerbeamt der Stadt Chemnitz abgemeldet und betreibe es seitdem nicht mehr.“ Es waren keine Warenbestände mehr vorhanden. Am 30. Dezember 1939 berichtete Linse darüber und über die erfolgte Liquidation der NSDAP-Kreisleitung und dem Regierungspräsidenten.[126] Nachdem er seinen Textilgroßhandel aufgeben musste, hatte Stern also versucht, sich seinen Lebensunterhalt durch einen Großhandel mit Tabak-, Süß- und Zuckerwaren zu verdienen.

123 Schreiben Reinwardts an die IHK vom 7. Mai 1939, in: Ebd., Bl. 267.

124 Zum Fall Rubinstein siehe den gesonderten Anhang zu diesem Heft (siehe Seite 8 dieses Heftes mit Anm. 9).

125 Schreiben der Kreisleitung der NSDAP an die IHK vom 13.12.1939, Staatsarchiv Chemnitz, 30874 / 695, Bl. 278.

126 Schreiben Linses an den Regierungspräsidenten vom 20.12.1938, in: Ebd., Bl. 281.

6.5. Der Fall Strumpfhandel Bagdadlioglu – „Arisierung“ Januar 1941

Dieser Fall ist aufschlussreich, weil hier ein für die Liquidation vorgesehenes Unternehmen „arisiert“ wurde, um die „Entjudung“ abzuschließen. Dabei offenbarte sich Linses antisemitische Grundeinstellung. Auffällig war weiterhin, dass sich der Verkäufer durch seine Inhaftierung in einer Zwangslage befand, so dass seine freie Willensbildung zumindest eingeschränkt war. Linse erstattete am 11. Januar 1941 sein zweites Gutachten an den Regierungspräsidenten, das den Kaufvertrag zwischen Bagdadlioglu und Kurth Wirth aus Berlin betraf.[127] Im ersten Gutachten vom 27. Juli 1939 waren bereits folgende Angaben enthalten: Bei Bagdadlioglu handelte es sich um einen iranischen Staatsangehörigen, der sein Geschäft seit 1929 betrieb. 1937/38 betrug der Umsatz jährlich etwa 300.000 RM. Auf den Export nach Ägypten entfielen allein 50.000 bis 70.000 RM. Bagdadlioglu beschäftigte drei Hilfskräfte. Er wollte das Geschäft fortführen. Nach Auffassung der Kammer war es nicht „arisierungswürdig“. Denn der Export beruhte nur auf Beziehungen Bagdadlioglus. Die Umsätze waren 1938 und 1939 sogar auf 473.000 und 481.000 RM gestiegen. Der Wert des Unternehmens betrug aktuell rund 30.000 RM. Bagdadlioglu verbüßte 1941 eine Gefängnisstrafe wegen angeblicher Verstöße gegen die Preis- und Kriegswirtschaftsvorschriften, die das Sondergericht Dresden gegen ihn verhängt hatte. Die Entlassung sollte im Februar 1941 erfolgen.

Obwohl Linse den Betrieb nicht für erhaltenswert hielt, ließ er sich davon leiten, dass es sich um den letzten jüdischen Betrieb im Bezirk handelte. Da Bagdadlioglu ja iranischer Staatsangehöriger war, konnte nämlich kein Zwang zur Schließung seines Geschäfts angewandt werden. Linse dazu weiter: „Der von Bagdadlioglu nunmehr freiwillig, wenngleich in der Zwangslage seiner Inhaftierung abgeschlossene Vertrag vom 19. November 1940, bietet nunmehr (sic !) eine willkommene Gelegenheit, das einzige jüdische Unternehmen, das im hiesigen Bezirk noch vorhanden ist, im Wege der Entjudung zum Verschwinden zu bringen, nachdem dies im Wege einer zwangsweisen Abwicklung nicht gelungen ist und möglicherweise auch künftig nicht gelingen wird. Die Möglichkeit, das letzte jüdi-

[127] Angaben nach dem Gutachten Linses vom 11. Januar 1941, in: Staatsarchiv Chemnitz, 30874 / 701, Bl. 135-140.

sche Unternehmen zu beseitigen, stellt u.E. unter Berücksichtigung der bezirklichen Interessen an einer absolut judenfreien Wirtschaft einen so bedeutenden Umstand dar, dass ihm gegenüber die Tatsache der Nichterhaltungswürdigkeit zurücktreten kann und muß." Der Käufer Kurth Wirth hatte in Berlin die Schule bis zur Obersekunda-Reife besucht und dann Kaufmann in einer Wäschefabrik gelernt, wo er dann als Verkäufer und Expedient arbeitete. 1933 machte er sich mit einem Vertrieb für sächsische Strumpfwaren in Berlin selbstständig. Er hatte 1939 einen Umsatz von 500.000 RM und war finanziell potent. Sein Ruf als Geschäftsmann war gut. Der „Ariernachweis" lag vor. Und der Kaufvertrag enthielt alle gewünschten Bestimmungen (neuer Firmenname, Übernahme der arischen Beschäftigten).

6.6. Der Fall Ingenieurbüro Gileil Reiter – Liquidation Februar 1944

Von besonderem Interesse ist schließlich der tragische Fall des jüdischen Ingenieurs Gileil Reiter. Er betrieb in Chemnitz ein Ingenieurbüro und wurde 1938 im KZ Buchenwald so schwer misshandelt, dass bleibende Gesundheitsschäden eintraten. Reiter war jedoch mit einer Nichtjüdin verheiratet, die zu ihm hielt, so dass er nicht deportiert werden konnte.[128] So nutzte der Abwickler des Patentbüros die Arbeitskraft des Ingenieurs Reiter mit Billigung und Unterstützung Linses aus, bis er 1944 an den Folgen der erlittenen Misshandlungen verstarb. Linse hatte Reiter zwischenzeitlich sogar bei der Gestapo denunziert und eine gezielte Überwachung angeregt, damit für den Fall, dass er sich irgendetwas zuschulden kommen lassen sollte, doch „endgültig" gegen ihn vorgegangen werden konnte.[129]

[128] Siehe zur Ausnahme von Juden in „Mischehen" bei der Deportation: Wolf Gruner, Widerstand in der Rosenstraße. Die Fabrik-Aktion und die Verfolgung der „Mischehen" 1943, Frankfurt/Main 2005.

[129] Zum Fall Reiter siehe die Unterlagen Linses in: Staatsarchiv Chemnitz, 30874 / 699. Unzutreffend ist die Darstellung bei Kirsch, Walter Linse, S. 27-38. Er stilisierte Linse zum „Judenretter", weil ihm grundlegende Kenntnisse der NS-Verfolgungspolitik fehlten. Insbesondere verkannte Kirsch, dass Juden in „Mischehen" wie Reiter grundsätzlich von Deportationen ausgeschlossen waren. Vgl. vorstehend Anm. 128.

Der 1878 geborene Diplom-Ingenieur Gileil Reiter stammte aus der Ukraine. Er besuchte die Deutsche Oberrealschule in Odessa und studierte Maschinenbau in Darmstadt und Heidelberg. Nach dem Abschluss seines Studiums kam er nach Chemnitz. Er arbeitete zunächst als Angestellter in der Industrie und eröffnete dann ein eigenes Ingenieurbüro. In Chemnitz heiratete Reiter eine deutsche Nichtjüdin. Aus der Ehe gingen zwei Söhne hervor. Reiter hatte ein mechanisches Lehrenbohrwerk erfunden, das präziser und schneller arbeitete als die dafür üblichen optischen Geräte. Seine Erfindung ließ er unter der Bezeichnung „Gonionindikator" am 8. November 1935 als Deutsches Reichspatent Nr. 649 624 Klasse 42b Gruppe 16 eintragen. In der Pogromnacht vom 9./10. November 1938 wurde auch Gileil Reiter verhaftet. Auf der Linse von der Gestapo übermittelten Verhaftungsliste hatte er die Nummer 140. Auch Reiter musste mit ansehen, wie die Chemnitzer Synagoge geschändet und niedergebrannt wurde. Dann folgte seine Einlieferung mit den übrigen 171 festgenommenen Juden aus Chemnitz ins KZ Buchenwald. Dort hatte es die SS besonders auf den sechzigjährigen jüdischen Diplom-Ingenieur aus der Ukraine abgesehen. Er war schweren Misshandlungen ausgesetzt, die zu bleibenden gesundheitlichen Schäden führten.

Zur Liquidation des Patentbüros von Gileil Reiter setzte der Regierungspräsident auf Antrag Linses am 25. Februar 1939 Arthur Sieben-Haussen ein. Jener hatte sich selbst bei der IHK eingeführt und schrieb nach Rücksprache mit Linse am 13. Dezember 1938 zu seiner Person: „Ich entstamme einer alten Chemnitzer Industriellen-Familie, bin Kaufmann und habe über 25 Jahre bis 1932 bedeutende deutsche Textilmaschinenfabriken in Frankreich vertreten. Seit April 1932 war ich bis Ende Oktober 1938 als Direktor und Prokurist bei der Sächsischen Webstuhlfabrik, Chemnitz, angestellt. Ich besitze reiche Erfahrungen in den verschiedenen Gebieten der Maschinen- und Textilindustrie, beherrsche alle Finanzierungs- und Devisenfragen, sowie das Steuer- und Bilanzwesen. ... Ich bin 58 Jahre alt, ohne augenblickliche Tätigkeit und beziehe eine lebenslängliche Pension von der S.W.F. (Sächsischen Webstuhlfabrik). Bin gesund, tatkräftig und verantwortungsbewusst. Ich besitze ein eigenes Auto."[130] Er schien Linse der Richtige zu sein, um das Ingenieurbüro Reiter abzuwickeln.

[130] Schreiben von Sieben-Haussen an die IHK, in: Staatsarchiv Chemnitz, 30874 / 697, Bl. 121.

Doch Sieben-Haussens Tatendrang gab dem Vorhaben eine unerwartete Wendung. Denn sein Patent hatte der Diplom-Ingenieur bislang ebenso wenig verwerten können wie die Konstruktionspläne für weniger aufwendige Lehrbohrenwerke. Sieben-Haussen witterte hier ein Geschäft, für das ihm Linse freie Hand ließ. So versuchte er, das Patent zu vermarkten. Das Werk der Auto-Union Horch in Zwickau bestätigte anhand eines Prototyps die gelungene Konstruktion Reiters. Sie schien auch für Zwecke der Wehrmacht, und zwar insbesondere der Artillerie geeignet. Doch das Rüstungskommando winkte ab. Auch für das Patent fand sich trotz monatelanger Bemühungen kein Käufer. Reiter war seit Mitte 1939 arbeitslos und ohne Einkommen. Er lebte mit seiner Familie von der jüdischen Wohlfahrt. In dieser Situation begann Sieben-Haussen, die weniger aufwendigen Konstruktionen Reiters für Lehrenbohrwerke zu bewerben, um Einnahmen zu erzielen. Nun stellten sich rasch Erfolge ein. Sieben-Haussen verkaufte – auch in den Folgejahren – Dutzende der Reiterschen Lehrbohrenwerke, die wiederum vor Ort meist von Reiter selbst eingerichtet wurden.

Allein 1941 wurden so 17.900 RM eingenommen. Davon erhielt Reiter für den Lebensunterhalt seiner Familie 4.190 RM, während Sieben-Haussen allein 5.000 RM Honorar erhielt und noch hohe Nebenkosten abrechnete. Während die vierköpfige Familie Reiters von rund 350 RM monatlich einigermaßen existieren konnte, strich Sieben-Haussen für sich mit Zustimmung Linses und des Regierungspräsidenten einen großzügigen „Nebenverdienst“ ein. Sieben-Haussen wurde denn auch laufend aktiv, damit Reiter ihm weiter bei der Vermarktung seiner Konstruktionen zur Verfügung stand. So wollte der Polizeipräsident in Chemnitz Reiter als staatenlosen Juden seit September 1939 in seine Heimat ausweisen. Doch die Sowjetunion war zu seiner Übernahme nicht einmal bereit, als ihre Handelsvertretung in Berlin Ende 1940 Interesse an seinen Konstruktionen bekundete, und Reiter um „Repatriierung“ bat. So setzte sich Sieben-Haussen – auch unter Berufung auf Linse und den Regierungspräsidenten – laufend für die Verlängerung der Aufenthaltsgenehmigungen Reiters in Chemnitz ein.

Nach dem deutschen Überfall auf die Sowjetunion konnte Reiter nicht mehr dorthin abgeschoben werden. Auch seine Deportation war ausgeschlossen, weil er mit einer „Arierin“ verheiratet war, die sich trotz des Drucks ihrer Umwelt nicht von ihm scheiden ließ – und ihn daher vor dem nahezu sicheren Tod in den Vernichtungslagern bewahrte. Hinzu kam noch, dass Sieben-Haussen sich laufend für ihn verwandte und dabei von Linse unterstützt wurde. So erfolgte eine Verlängerung der Fristen für die Abwicklung des Ingenieurbüros im Rhythmus von vier, sechs oder neun Monaten. Anfang 1942 schloss Sieben-Haussen dann einen Vertrag mit Reiter zur Übernahme von dessen Patenten und sonstigen Erfinderschutzrechten. In seinem Gutachten vom 4. April 1942 empfahl Linse dem Regierungspräsidenten, den Vertrag zu genehmigen, obwohl er gegen das Kontrahierungsverbot des § 181 BGB verstieß, was Linse nicht verschwieg. Als Treuhänder war Sieben-Haussen nämlich der Vertreter Reiters und schloss den Vertrag so mit sich selbst. Doch Linse meinte, dass es „außerordentlich wünschenswert ist, dass die bereits seit längerer Zeit anhängige Abwicklung endlich einmal zu einem Ende kommt und dass diesem Interesse gegenüber das erwähnte formaljuristische Bedenken zurücktreten möchte“.

Der Vertrag und das Gutachten Linses wurden – wie üblich – auch dem NSDAP-Kreiswirtschaftsberater Weinhold zugeleitet. Der schrieb dazu am 8. April 1942 an Linse: „Ich teile die Ihrerseits vertretene Auffassung voll und ganz. Ich würde empfehlen, der Geheimen Staatspolizei Chemnitz eine Durchschrift zu überreichen mit der Bitte, den Juden Gileil Reiter besonders scharf zu beobachten. Unter Umständen lässt er sich einmal etwas zuschulden kommen, was einer endgültigen Regelung der Angelegenheit dann förderlich sein kann.“ Am 16. April 1942 antwortete Linse an Weinhold, dass „Ihrem Rate entsprechend die hiesige Geheime Staatspolizei ... über die Angelegenheit unterrichtet“ wurde. Am selben Tag hatte Linse der Gestapo eine Abschrift seines Gutachtens übersandt, „damit Sie (d.i. die Gestapo) über die Angelegenheit unterrichtet sind und in die Lage versetzt werden, den Juden Reiter entsprechend beobachten zu können“. Das war nichts anderes als eine Denunziation, mit der Reiter besonderen Überwachungsmaßnahmen der Gestapo ausgeliefert wurde. Zwar ging die Anregung dazu von Weinhold aus, aber der eilfertige Denunziant war Linse.

Im September 1942 machte Linse dem Arbeitsamt den Vorschlag, Reiter als Dolmetscher für russische Arbeitskräfte zu verwenden. Die Gestapo hatte nichts dagegen. Aber das Arbeitsamt lehnte ab, da Juden nur noch „gruppenweise in Arbeit einzusetzen“ waren. Reiter war daher auch in der

Folgezeit nur bei der Einrichtung seiner Lehrenbohrwerke tätig. Der Regierungspräsident erteilte weitere Fristverlängerungen für die Abwicklung des Ingenieurbüros. Und Reiter erhielt – z.T. mit Hilfe Linses – auch laufend die erforderlichen Reisegenehmigungen. Allmonatlich erhielten Linse und der Regierungspräsident die Abrechnungen Sieben-Haussens. Erst Anfang 1944 änderte sich die Situation. Der mittlerweile 65-jährige Reiter wurde von den Folgen der Misshandlungen im KZ eingeholt und erkrankte schwer. Am 18. Februar 1944 starb Gileil Reiter. Es folgte die Liquidation des Ingenieurbüros. Im September 1945 wurde Linse noch einmal mit der Angelegenheit konfrontiert. Denn Frau Reiter bat ihn, dafür zu sorgen, dass Sieben-Haussen ihr zumindest die vertraglich vereinbarten Lizenzbeträge zukommen ließ. Das sagte Sieben-Haussen zu.[131] Doch zu dieser Zeit wurden auch an ihn kaum noch Lizenzgebühren entrichtet.

7. Linse als Dispatcher Albert Speers: Einsatz für die Kriegswirtschaft

Vier Tage nach seinem 37. Geburtstag, am 23. August 1940, vollzog Walter Linse einen Schritt, der längst überfällig erschien, nämlich seinen Beitritt zur NSDAP. Auf den Antrag erfolgte am 1. Oktober 1940 die Aufnahme mit der Mitgliedsnummer 8.336.675.[132] Der Beitritt war wohl vor allem dem Umstand geschuldet, dass Linse auch insoweit den an ihn gerichteten Erwartungen entsprechen wollte. Denn sein Vorgesetzter, der IHK-Präsident, SA-Führer und NSDAP-Kreisleiter Schöne wünschte sich seine Mitgliedschaft in der Partei gewiss schon lange. Soziale Aufsteiger gelten als anpassungsbereit – und das war wohl auch Walter Linse. Hinzu kam, dass das NS-Regime mit dem militärischen Sieg über Frankreich den Zenit seiner Popularität erreicht hatte. Die „Schmach von Versailles" war getilgt, und der frenetische Jubel bei der Rückkehr Hitlers nach Berlin im Juni 1940 brauchte nicht inszeniert zu werden. Die Begeisterung der Deut-

131 Aktenvermerk Linses vom 21.9.1945, in: Staatsarchiv Chemnitz, 30874 / 746 I .

132 Bundesarchiv Berlin, Bestand Berlin Document Center (BDC), NSDAP-Mitgliederkartei 3200 N 49, Bl. 761.

schen für ihren „Führer“ kannte keine Grenzen.[133] Es gab keinen anderen Zeitpunkt, an dem der Beitritt zur NSDAP so nahe lag wie im Sommer 1940.

Beruflich wurde der „Entjudungsreferent“ der IHK Chemnitz zu dieser Zeit noch vollauf von der „Arisierung“ und Liquidation der jüdischen Betriebe in seinem Bezirk in Anspruch genommen. Diese Tätigkeit war aus Sicht der NS-Machthaber so bedeutsam, dass sie seine Freistellung vom Kriegsdienst zur Folge hatte. Zwar liegen die Unterlagen zu den „Militärverhältnissen“ von Walter Linse nicht vor, aber es sind keine Umstände bekannt, die sonst seine Einberufung zum Kriegsdienst hätten verhindern können. Also wurde Linse aufgrund der Bedeutung seiner beruflichen Tätigkeit „u.k.“, also „unabkömmlich“, gestellt. Er hatte damit denselben Status wie z.B. Richter an den Sondergerichten, bei den politischen Strafsenaten der Oberlandesgerichte und des Volksgerichtshofes sowie die dort tätigen Staatsanwälte. Denn auch sie wurden jedenfalls so lange vom Kriegsdienst verschont, wie sie bereit waren, zur „Aufrechterhaltung der inneren Front“ laufend Todesurteile zu beantragen, zu verhängen und zu vollstrecken.

Erst 1941 begann sich die Tätigkeit Linses zu wandeln. An die Stelle der „Entjudung“ trat nun mehr und mehr der „totale Kriegseinsatz“. Die Industrie- und Handelskammern hatten auf der regionalen Ebene nämlich zunehmend für die Funktionstüchtigkeit der Kriegswirtschaft zu sorgen. Zunächst galt es, unwichtige und wenig rentable Produktionsstätten zu schließen. Dafür besaß Linse durch seine Erfahrungen bei der Liquidation jüdischer Betriebe beste Voraussetzungen. Seine wirtschaftliche und juristische Kompetenz, aber auch sein Organisationsgeschick und seine Durchsetzungsfähigkeit waren erneut gefragt. Das galt für die Aufgabe, der Kriegswirtschaft genügend Arbeitskräfte zur Verfügung zu stellen. Hier ging es anfangs vor allem um den Einsatz von Frauen. Im weiteren Kriegsverlauf traten Zwangsarbeiter und Kriegsgefangene in den Vordergrund. Auch hatte Linse Ressourcen und Rohstoffen nach den Kriegsnotwendigkeiten zu verteilen – und bewies dabei offenbar Manager-Qualitäten.

133 Zur Begeisterung der Deutschen für Hitler siehe vor allem Ian Kershaw, Der Hitler-Mythos. Volksmeinung und Propaganda im Dritten Reich, Stuttgart 1980; ders., Hitler, 2 Bde., Stuttgart 1998.

Als wichtiger Referent der IHK und Mitglied der NSDAP übernahm er nun auch Propaganda-Aufgaben. So wurde Linse ab 1941 immer wieder zu Vorträgen über die „Wirtschaftsführung im Kriege“ eingeladen. Der Text des Vortrages, den er am 14. November 1941 in der „Sozialen Fachschule“ in Chemnitz hielt, ist erhalten geblieben. Er stellt ein bemerkenswertes Dokument der NS-Propaganda dar und legt die „Gedankenwelt“ Walter Linses offen. Wörtlich erklärte er seinen Zuhörern: Durch den „Leitsatz ‚Gemeinnutz geht vor Eigennutz‘ wird die Wirtschaft in die nationalsozialistische Ethik der Gemeinschaft hineingestellt und der Volksgemeinschaft gegenüber verpflichtet. Bei ausdrücklicher Anerkennung des Privateigentums als Voraussetzung für Leistungsantrieb und Unternehmerwirtschaft wird diesem der politische Führungs- und soziale Herrschaftsanspruch genommen und dafür die Würde sozialer Verpflichtung gegeben. Gewinnstreben und Risikofreudigkeit werden als Anreiz zur Produktions- und Leistungssteigerung zwar nicht ausgeschaltet. Das gemeinschaftszerstörende, rücksichtslose Konkurrenzprinzip wird jedoch durch das auf die Lebensnotwendigkeiten der Nation ausgerichtete Leistungsprinzip ersetzt.“[134] Das sollte mit den Worten Linses der „dritte Weg“ der nationalsozialistischen Volkswirtschaft zwischen Kapitalismus und Kommunismus sein.

Sodann ließ Linse seine Hörer wissen, dass Deutschland pro Quadratkilometer 131 Einwohner, Frankreich 76,1 Einwohner und die Sowjetunion 22,1 Einwohner hatte – die Deutschen also „ein Volk ohne Raum“ wären. Zudem wies er darauf hin, dass in Deutschland zur Ernährung von 100 Einwohnern nur 45 ha, in der Sowjetunion aber 120 ha landwirtschaftliche Nutzfläche zur Verfügung standen.[135] Wörtlich erklärte Linse, dass „im (Ersten, Anm. d. Verf.) Weltkrieg 762.796 Opfer der Hungerblockade (der Engländer, Anm. d. Verf.), meist Frauen und Kinder“, zu beklagen waren und dass noch „die unter Einwirkung der Hungerblockade zwischen 1914 und 1919 vier Millionen nicht geborener Kinder“ hinzukamen.[136] War schon die Zahl der 750.000 Hungertoten höchst fragwürdig, so wurden sie mit dem Hinweis auf die „Millionen nicht geborener Kinder“ absurd. Derartiges gehörte aber zum Repertoire völkischer Vulgäranalysen.

[134] Staatsarchiv Chemnitz, 30874 / 513, Bl. 59.
[135] Ebd., Bl. 61.
[136] Ebd., Bl. 64.

Sodann kam Walter Linse auf die Notwendigkeit der gelenkten Wirtschaft und damit auch die Beschreibung seiner neuen Aufgaben bei der IHK zu sprechen: „Die Organisation der gewerblichen Wirtschaft ist daher Bindeglied und Mittler zwischen dem Staat und der Wirtschaft. Sie gehört daher nicht in den staatlichen Behördenbereich, sie ist vielmehr unparteiisches Selbstverwaltungsorgan der gewerblichen Wirtschaft.“ Das war sehr fragwürdig, denn tatsächlich hatten die Kammern während des Krieges den Status nachgeordneter Behörden. So setzte Linse auch korrekt fort: „Von dieser Möglichkeit der Aufgabenübertragung hat der Reichswirtschaftsminister gerade für die Steuerung der Kriegswirtschaft erheblich Gebrauch gemacht. Hierbei waren die Industrie- und Handelskammern auch besonders berufen, da sie die für den einzelnen Betrieb notwendigen wirtschaftlichen Kenntnisse besitzen und die wirtschaftlichen Zusammenhänge am ehesten beurteilen können. Durch sie und ihre Erfahrungen wurde der Reichswirtschaftsminister der Notwendigkeit enthoben, zur Bewältigung der Kriegsaufgaben sich eine eigene Behördenorganisation aufzubauen.“[137]

Hauptaufgabe der Kammern war nach der weiteren Darstellung Linses die Verteilung der Arbeitskräfte und Rohstoffe sowie die allgemeine Kontrolle des Geld- und Finanzflusses. Dazu führte er denn auch für die Zeit nach dem Krieg aus: „Eine völlige Beseitigung unseres volkswirtschaftlichen Lenkungsapparates kommt nicht mehr in Frage. Wer das annehmen wollte, würde zunächst die großen öffentlichen Aufgaben unterschätzen, die nach Kriegsende vor allem bei der Erschließung der Ostgebiete zur Verwirklichung drängen.“ So wurde auch Walter Linse im November 1941 von der damals allenthalben spürbaren Begeisterung für die „Schaffung neuen Lebensraums im Osten“ ergriffen.[138] Allerdings kam die deutsche Offensive nach dem Überfall auf die Sowjetunion gerade in diesen Wochen vor Moskau und Leningrad zum Stillstand. Im Herbst 1941 schien aber noch alles möglich, und in der hypertrophen Euphorie dieser Monate fiel auch

[137] Ebd., Bl. 69f.

[138] Siehe Klaus Bästlein, Völkermord und koloniale Träumerei. Das „Reichskommissariat Ostland“ unter schleswig-holsteinischer Verwaltung, in: Alfred Gottwaldt / Norbert Kampe / Peter Klein (Hrsg.), NS-Gewaltherrschaft. Beiträge zur historischen Forschung und juristischen Aufarbeitung, Berlin 2005, S. 217-247.

die endgültige Entscheidung Hitlers zur Vernichtung der europäischen Juden.

Weiter schwadronierte Linse: „Wie es für den deutschen Soldaten an der Front kein Unmöglich gibt, so gibt es auch für uns nur Widerstände, die überwunden werden müssen." Und er schloss mit folgenden Sätzen: „Von der Einstellung des Einzelnen zu den großen Dingen hängt seine Bewährung im Kampf des Alltages ab, und in diesem Daseinskampf kommt es auf jeden Einzelnen und seine Einstellung an, ob er im Stollen unter Tage, in Hütten- und Walzwerken, in Fabriken und Verkehrsbetrieben, in Büros und Ämtern oder auf dem Lande wie dort der Bauer im ewigen Wechsel von Aussaat und Ernte sein Tagwerk verrichtet. Wenn jeder stets dieses Bewußtsein in sich trägt, dann wächst aus den Millionen Schaffenden die ungeheure Kraft, die Höchstes vollbringt, sich allen Gewalten zum Trotz durchsetzt und uns in diesem großen Kampf das höchste verheißt: d e n E n d s i e g !"[139] Das entsprach der üblichen Goebbels-Propaganda. Doch der Vortrag stieß offenbar auf ein positives Echo. Denn Linse wurde dazu auch in den Folgejahren eingeladen - so zum Beispiel am 4. März 1943 bei einer Veranstaltung der DAF im Hotel „Chemnitzer Hof".[140]

Zu dieser Zeit hatte Linses berufliche Tätigkeit eine noch größere Bedeutung erlangt. Denn mit dem alliierten Luftkrieg, der ab 1943 auch in Chemnitz immer spürbarer wurde, stieg die Bedeutung der Lenkung der regionalen Wirtschaft. Dabei erlebten die Industrie- und Handelskammern, die jetzt als Wirtschaftskammern firmierten, eine neue Blüte. Denn nur der regionale und lokale ökonomische Sachverstand, wie ihn die Kammern repräsentierten, war in der Lage, koordinierend einzugreifen und kurzfristig Störungen in der Produktion zu beheben. Durch die Mobilisierung aller Reserven gelang es, bis Mitte 1944 - also mitten im totalen Krieg - den höchsten Ausstoß an Rüstungsgütern überhaupt herbeizuführen. Walter Linse wurde dabei zu einem Dispatcher von Hitlers Rüstungsminister Albert Speer. Fehlten irgendwo Arbeitskräfte, Räumlichkeiten, Transportkapazitäten, Rohstoffe oder Halbfertigprodukte – dann griff Walter Linse ein. Er war im Chemnitzer Bezirk die lokale „Feuerwehr" in der Kriegswirt-

[139] Staatsarchiv Chemnitz, 30874 / 513, Bl. 105.
[140] Einladungsschreiben der DAF, Gauwaltung Sachsen, vom 2. März 1943, in: Ebd., Bl. 2.

schaft. Dabei bewies er auch unter extremen Bedingungen die Fähigkeit zur klaren Analyse, die Kompetenz zu kreativen Problemlösungen und das Geschick zu deren rascher und konsequenter Umsetzung.

Dabei war Linse auch weiterhin mit Fragen aus seinem alten Tätigkeitsbereich der „Entjudung" befasst. So erreichte ihn der vertrauliche Schnellbrief des Reichsinnenministers vom 15. September 1941 zum Aktenzeichen Pol. – S IV B 4 b Nr. 940/41-6 betr. „Polizeiverordnung über die Kennzeichnung der Juden", in dem nicht nur die „Tragweise und Verteilung" der Judensterne, sondern auch das „Benutzen der Verkehrsmittel" durch Juden näher geregelt wurde. Anfang November 1941 hatte Linse auch noch einen Geheimbericht über den „personellen und kapitalmäßigen Anteil der jüdischen Mischlinge 1. Grades in der deutschen Wirtschaft" für den IHK-Bezirk Chemnitz zu erstellen. Er nannte dabei drei größere Bena-Werke Krauße Co. in Chemnitz mit 310 Beschäftigten, die Firma Daners & Co. (früher Königsfeld & Co.) in Chemnitz mit 210 Beschäftigten und die Firma Kratzenfabrik Fries & Co. G.m.b.H. in Oederan.[141]

Viele Chemnitzer Juden gingen nach 1938 – wenn sie nicht emigrieren konnten oder wollten – in die Millionenstädte des Reiches, deren Anonymität ihnen vermeintlich mehr Schutz bot, und wo es noch größere Netzwerke jüdischer Institutionen gab. Das galt vor allem für Berlin. Aus Chemnitz wurden daher insgesamt nur gut 600 Juden deportiert.[142] Der erste Transport von 132 in Chemnitz verbliebenen Juden erfolgte am 10. Mai 1942 mit insgesamt 1.002 Menschen nach Belzyce in der Nähe von Lublin.[143] Ein einziger der 1.002 Deportierten soll den Völkermord überlebt haben. Ein zweiter großer Transport mit 845 Juden, darunter 63 Chemnitzern, führte am 7. September 1942 nach Theresienstadt.[144] Von

141 Bericht vom 6. November 1941, in: Staatsarchiv Chemnitz, 30874 / 692, Bl. 18f.

142 Die Angaben bei Jürgen Nitsche, Vertreibung und Ermordung der Chemnitzer Juden, in: Ders. / Röcher (Hrsg.), Juden in Chemnitz, S. 151-159, insb. S. 158, sind ungenau und wurden hier daher nur als zusätzliche Hinweise im Konjunktiv wiedergegeben.

143 Alfred Gottwald/Diana Schulle, Die Judendeportationen aus dem Deutschen Reich von 1941 bis 1945. Eine kommentierte Chronologie, Wiesbaden 2005, S. 206.

144 Ebd., S. 321f.

dort aus gingen Transporte in die Vernichtungslager und insbesondere nach Auschwitz. Von den 845 Deportierten überlebten angeblich sechs. Ein letzter größerer Transport mit 56 Personen, darunter 37 Chemnitzern, führte am 15. Februar 1945 von Preschen nach Theresienstadt.[145] Weil Auschwitz mittlerweile befreit worden war, überlebten 55 der Deportierten.

Die Namen der Deportierten übermittelte die Gestapo – anders als 1938 – nicht mehr an Linse. Denn er hatte seine Arbeit getan – die Betriebe der Deportierten waren „arisiert" oder liquidiert und sie selbst weitgehend mittellos. Zwar hieß es in der 11. Verordnung zum Reichsbürgergesetz vom 25. November 1941 zynisch, dass Juden „mit der Verlegung des gewöhnlichen Aufenthalts ins Ausland" die deutsche Staatszugehörigkeit verloren, und in ebenso zynischer Weise wurde weiter ausgeführt: „Das Vermögen des Juden, der die deutsche Staatsangehörigkeit auf Grund dieser Verordnung verliert, verfällt dem Reich."[146] Doch die Verwertung der letzten Habseligkeiten der Deportierten war nicht mehr Sache des „Entjudungsreferenten" der IHK, sondern der Finanzämter.

Im weiteren Kriegsverlauf ging es dann auch in Chemnitz um den „Arbeitseinsatz der jüdischen Mischlinge 1. Grades". Auf Reichsebene waren dazu seit der „Wannsee"-Konferenz vom 20. Januar 1942 Diskussionen im Gange. Doch erst 1944 kam es zu einer weiteren Radikalisierung. Auf Weisung des Reichssicherheitshauptamtes sollten die jüdischen Mischlinge nämlich fortan in geschlossenen Kolonnen, d.h. als Internierte, durch die Organisation Todt zum körperlichen Arbeitseinsatz kommen. Die Arbeitsämter hatten die Vorgaben umzusetzen. In Chemnitz lud deshalb der Leiter des örtlichen Arbeitsamtes, Oberregierungsrat Geidel, für den 22. November 1944 zu einer Besprechung ein. Teilnehmer waren der Kreiswirtschaftsberater der NSDAP Hauschild, Hauptmann Sperber vom Rüstungskommando, Amtmann Jahn von der Handwerkskammer, NSDAP-Kreishauptstellenleiter Anacker, SS-Hauptsturmführer Schermer von der Gestapo und Walter Linse von der Wirtschaftskammer.

145 Ebd.
146 RGBl. I, S. 722.

In einem Vermerk Linses über die Besprechung hieß es, „dass jüdische Mischlinge und Versippte keine kaufmännische, Verwaltungs- und ähnliche Tätigkeit mehr ausüben dürfen, sondern körperliche Arbeit verrichten müssen. Soweit sie bereits jetzt körperliche Arbeit verrichten, müssen sie anderweitig eingesetzt werden ... " Konkret sollten die „Mischlinge" künftig in Kolonnen schwere körperliche Arbeiten verrichten. Bei der Sitzung wurden Einsprüche einzelner Betriebe gegen diesen Arbeitseinsatz erörtert. Dazu erklärte der verspätet erschienene NSDAP-Kreishauptstellenleiter Anacker, dass er für Interventionen zugunsten der Betroffenen kein Verständnis habe. „Wenn die Kammer einen solchen Einspruch eingelegt habe, ... müsse er annehmen, dass sie Juden schützen wolle." Und: „Wenn es nach ihm gänge, müssten die Mischlinge einfach an die Wand gestellt und erschossen werden." Weiter notierte Linse: „Zu diesen Ausführungen bekundete der SS-Hauptsturmführer Schermer seine vorbehaltlose Zustimmung in auffallender Weise durch lebhaftes Kopfnicken."

Linse verteidigte sich nach seinem Vermerk wie folgt: Die Kammer habe „von sich aus in keinem Fall Einspruch eingelegt. Sie hat lediglich in 3 Fällen ... Einsprüche von Firmen befürwortet, weil sie bei einer rein wirtschaftlichen Beurteilung ... der Überzeugung gewesen ist, dass die anderweitig einzusetzenden Mischlinge ... für die Kriegswirtschaft mit weitaus größerem Nutzen tätig sind, wenn sie in ihrer bisherigen Stellung verbleiben ..." Dabei habe sich die Kammer „bei ihrer Befürwortung ... von Anfang an in vollständiger Übereinstimmung mit der Kreisleitung Chemnitz (der NSDAP, Anm. d. Verf.) befunden ..." Weiter forderte Linse Anacker auf, „nicht zu übersehen, dass der Herr Handelskammerpräsident Schöne zugleich Kreisleiter sei." Und: „Diese Feststellung wurde von Herrn Kreiswirtschaftsberater Hauschild bestätigt." Linse wies Anacker also zurecht, indem er sich auf den diensthöheren Kreisleiter berief. Dass Hauschild ihn unterstützte, war nicht nur eine Reminiszenz an die gute Zusammenarbeit bei der „Entjudung". Im weiteren Verlauf der Sitzung hielt Linse allerdings an den Einsprüchen nicht mehr fest. Der offene Angriff des Kreishauptstellenleiters Anacker auf die Kammer hatte ihn aber so herausgefordert, dass er eine vierseitige „Aktennotiz" darüber fertigte.[147]

[147] „Aktennotiz betr. Arbeitseinsatz der jüdischen Mischlinge 1. Grades und der jüdisch Versippten" vom 24.11.1944, in: Staatsarchiv Chemnitz, 30874 / 746 II.

Derartige Auseinandersetzungen um den Arbeitseinsatz von jüdischen „Mischlingen“ waren in Deutschland Ende 1944 vielerorts an der Tagesordnung. Denn rational denkenden Betriebsleitern und Wirtschaftsvertretern wollte nicht einleuchten, dass gut ausgebildete Fachkräfte aus der Produktion herausgerissen werden sollten, um sie stattdessen im „Kolonneneinsatz“ zu schweren körperlichen Arbeiten zu verwenden. Als Vertreter der Wirtschaft nahm Walter Linse daher eine positive Haltung gegenüber Anträgen auf Freistellung von jüdischen „Mischlingen“ vom Kolonneneinsatz ein. Das war nichts Besonderes. Auch der energische Widerspruch von nationalsozialistischen Eiferern und SS-Chargen war nicht außergewöhnlich.[148] Vielmehr gab es während der gesamten NS-Zeit immer wieder heftige interne Auseinandersetzungen. Dabei konnte Linse in diesem Fall zwar das Ansehen der Kammer wahren, aber in der Sache setzten sich die Eiferer durch: Auch im Chemnitzer Bezirk sollten fast alle jüdischen „Mischlinge“ zum „Kolonneneinsatz“ kommen ...

Am Ende des Kriegs wurde Chemnitz ebenfalls zum Ziel schwerer alliierter Luftangriffe. Sie setzten am 6. Februar 1945 ein und erreichten am 5. März 1945 ihren Höhepunkt. Danach waren zwei Drittel der Stadt zerstört. 3.500 Menschen wurden getötet. Von den 110.000 Wohnungen in der Stadt waren nur noch 38.000 bewohnbar. Etwa 100.000 Chemnitzer fristeten ihr Dasein als Obdachlose. 167 Fabriken und 16 Schulen wurden total zerstört. Die historische Bausubstanz war nahezu komplett vernichtet. Auch Walter Linse wurde im Frühjahr 1945 ausgebombt. Das Haus Germaniastraße 3, in dem sich seine Wohnung befand, war total zerstört. Eine neue Unterkunft fanden Linse und seine Frau in der Ulmenstraße 59.

148 So jedoch Kirsch, Walter Linse, S. 26 f., der seine Apologie Linses insbesondere auf die Kontroverse vom 22. November 1944 stützt. Dazu verzeichnete Kirsch die historischen Fakten: So behauptete er, Linse sei „aus dem Munde“ des Vertreters der Gestapo, nämlich des SS-Hauptsturmführers Scherner, angegriffen worden. Der sagte jedoch nichts, sondern nickte nur. Kirsch beruft sich auf ein „Protokoll“ der Sitzung, obwohl es sich um eine „Aktenotiz“ Linses handelte. Und Kirsch verstieg sich sogar zu der Behauptung, dass Linses Auffassung für ihn „gefährlich“ werden konnte.

8. Linse als Diener der Sowjets: Arbeit für die Besatzungsmacht

Mitte April 1945 näherten sich amerikanische Truppen Leipzig und Chemnitz. Während in Leipzig fanatische SS-Verbände und der „Volkssturm" den Amerikanern noch ein Gefecht um das Völkerschlachtdenkmal lieferten, vollzog sich die Besetzung der zerstörten Industriemetropole Chemnitz kampflos. Anfang Mai machte die Rote Armee im Osten einige Kilometer vor der Stadt halt. Durch die amerikanische Besetzung blieb der Bevölkerung erspart, was sie erdulden musste, wo sowjetische Fronttruppen einrückten und worüber in der SBZ/DDR nie gesprochen werden durfte. Wohl gab es auch Übergriffe amerikanischer Soldaten, aber mit den massenhaften Vergewaltigungen von Frauen und Mädchen, dem Raub von Uhren, Schmuck und Wertgegenständen und sinnlosen Zerstörungen der Infrastruktur hatte das Auftreten der Amerikaner nichts gemein. Mitte Mai 1945 trafen auch in Chemnitz Vorauskommandos der Roten Armee ein, die Amerikaner zogen im Juni ab und der Tross der Roten Armee rückte nach.

Wie Walter Linse das Ende der nationalsozialistischen Herrschaft, den Einmarsch der Amerikaner und die Übernahme von Chemnitz durch die Rote Armee erlebte, und welche Erfahrungen, Gedanken und Erwartungen sich für ihn damit verbanden, ist nicht bekannt. Linse blieb jedoch trotz der einschneidenden Veränderungen auf seinem Posten bei der Industrie- und Handelskammer. So avancierte er praktisch ohne „Stunde Null" vom Dispatcher Albert Speers zum Helfer der Amerikaner und schließlich zum Diener der Sowjets. Für die Kammer hatte schon das Eintreffen der Vorauskommandos „der Russen" weitreichende Konsequenzen. Denn die Rote Armee beschlagnahmte das repräsentative Gebäude der IHK als Kommandantur. So musste die Kammer ihre Geschäftsräume in die Zimmerstraße 19 in Chemnitz verlegen. Sowohl die Amerikaner als auch die Sowjets griffen auf die regionale und lokale Kompetenz der Kammer in wirtschaftlichen Angelegenheiten zurück. Das galt vor allem für die drängenden Probleme bei der Sicherstellung der Versorgung der Bevölkerung.

Vor dem Hintergrund der unklaren Situation des Sommers 1945 kam es Mitte Juli 1945 zu einer denkwürdigen Begegnung des früheren „Entjudungsreferenten" der IHK Chemnitz, Dr. jur. Walter Linse, mit dem letzten „Vertrauensmann der Reichsvereinigung der Juden“ in Chemnitz, dem Arzt Dr. med. Adolf Lipp, der die letzten Wochen der NS-Herrschaft im Untergrund überlebt hatte.[149] Es ging um die Rückübereignung des den Chemnitzer Juden im Zuge der „Arisierung“ geraubten Eigentums. Was es für Lipp bedeutet haben muss, darüber mit dem Mann zu sprechen, der die wirtschaftlichen Existenzgrundlagen der Chemnitzer Juden vernichtet hatte, wobei Lipp selbst zum „jüdischen Krankenbehandler“ degradiert worden war, kann heute kaum mehr nachvollzogen werden. Jedenfalls legte Linse nach gewohnter Manier eine Aktennotiz über das Gespräch an. Ihm war nämlich die Brisanz der Frage nach der „Entjudung“ wohl bewusst.

In der Aktennotiz Linses zur „Behandlung arisierter Gewerbebetriebe“ vom 23. Juli 1945 heißt es: „Es kann keinem Zweifel unterliegen, dass die Frage einer Wiedergutmachung des Unrechtes an Juden im allgemeinen und die Frage einer Wiedergutmachung des bei der Entjudung von Gewerbebetrieben begangenen Unrechtes im besonderen reichseinheitlich, zumindest landeseinheitlich geregelt werden muß. Die sich aus der Rückkehr von Juden, deren Betriebe arisiert wurden, ergebenden Fragen sind so dringlich und wichtig, dass eine einheitliche Regelung des Gesetzgebers tagtäglich immer unabweisbarer wird. Im Augenblick kann jedoch wohl von keiner Dienststelle gesagt werden, wann eine solche einheitliche Regelung ergehen und vor allem welchen Inhalt sie haben wird.

Solange eine einheitliche Regelung des Gesetzgebers nicht vorliegt, ist es wohl für den früheren jüdischen Inhaber eines entjudeten Betriebes als auch für denjenigen, der einen Gewerbebetrieb im Zuge seiner Arisierung übernommen hat, in jeder Hinsicht unzweckmäßig und wirtschaftlich geradezu gefährlich, irgendwelche Maßnahmen, die auf eine sog. „Rearisierung“ (d.h. Rückabwicklung der „Arisierung“, Anm. d. Verf.) hinauslaufen, durchzuführen. Über diese Unzweckmäßigkeit besteht auch vollste Übereinstimmung zwischen der Kammer und Herrn Dr. Lipp, der in Chemnitz mit der Wahrnehmung jüdischer Interessen beauftragt worden ist. Dies wurde unlängst in einer persönlichen Besprechung zwischen Herrn Dr. Lipp und Sachbearbeiter Dr. Linse festgestellt.“[150]

[149] Jürgen Nitsche, Vertreibung und Ermordung der Chemnitzer Juden, in: Ders. / Röcher (Hrsg.), Juden in Chemnitz, S. 151-159, insb. S. 159.

[150] Staatsarchiv Chemnitz, 30874 / 746 I.

Zwei Punkte dieser Aktennotiz sind bemerkenswert: Zum Ersten räumte Linse hier kurz nach dem Ende der NS-Herrschaft offen ein, dass den Juden „im Allgemeinen“ und im Besonderen „bei der Entjudung von Gewerbebetrieben“ *„Unrecht“* getan worden war. Dieses Unrecht verübte im Bezirk Chemnitz Walter Linse. Er war der Täter. Nach seinem Vermerk vom 23. Juli 1945 war er sich auch bewusst, dass er Unrecht tat. Linse agierte nach diesem Eingeständnis also vorsätzlich, als er die Juden im Bezirk Chemnitz enteignete. Er war nicht nur objektiv, sondern auch subjektiv Täter. In einem funktionierenden Rechtsstaat hätte die Staatsanwaltschaft daher Anklage wegen der einschlägigen Eigentums- und Vermögensdelikte, Amtsverbrechen und Beihilfe zum Mord bzw. Völkermord gegen ihn erheben müssen. Denn die „Entjudung“ der Wirtschaft war ein wichtiger Schritt auf dem Weg zur „Endlösung“. Ohne sie hätte die Vernichtung der Juden nämlich zu erheblichen Störungen der Kriegswirtschaft geführt.

Zum Zweiten ist hinsichtlich der Aktennotiz bemerkenswert, wie Linse einen scheinbar plausiblen juristischen Vorwand dafür fand, das an den Juden verübte Unrecht nicht sofort durch Rückgabe aus der Welt zu schaffen. Denn Linse führte aus, dass eine Restitution „im besonderen reichseinheitlich, zumindest landeseinheitlich geregelt werden“ müsste. Dabei wusste der promovierte Jurist Linse genau, dass es nach der Kapitulation am 8. Mai 1945 weder auf Reichs- noch auf Landesebene eine deutsche Staatsgewalt gab, die Regelungen treffen konnte. Vielmehr war die gesamte deutsche Staatsgewalt durch die „Berliner Erklärung“ der Alliierten vom 5. Juni 1945 an sie übergegangen.[151] Und im Juli 1945 war nicht entfernt absehbar, ob es je wieder eine deutsche Staatsgewalt geben würde. So nahm Linse im Juli 1945 bewusst eine Vertagung der Restitution jüdischer Vermögenswerte im Bezirk Chemnitz auf den „St.-Nimmerleins-Tag“ vor.[152] Dabei war jede Restitution – wie die Entschädigungspraxis in der

151 Michael Kirn, Verfassungsumsturz oder Rechtskontinuität? Die Stellung der Jurisprudenz nach 1945 zum Dritten Reich insbesondere die Konflikte um die Kontinuität der Beamtenrechte und Art. 131 Grundgesetz, Berlin 1972.

152 Dieser Tag wurde der 3. Oktober 1990. Denn bekanntlich erfolgte unter der SED-Diktatur keine Rückgabe jüdischer Vermögenswerte. Erst nach Schaffung der deutschen Einheit konnte die Restitution in oft nur noch bescheidenem Umfang erfolgen.

Bundesrepublik und West-Berlin zeigen sollte – mit Schwierigkeiten verbunden.[153]

Man muss sich den mit der „Wahrnehmung jüdischer Interessen beauftragten“ Arzt Dr. Adolf Lipp vorstellen, der das Ende der NS-Herrschaft im Untergrund gerade mühsam überlebt hatte, dem ausgerechnet der „Entjudungsreferent“ der IHK mit komplizierten juristischen Ableitungen „erklärte“, warum eine Restitution jüdischen Eigentums angeblich nicht erfolgen konnte. Dabei fügte Linse noch hinzu, es sei auch „wirtschaftlich geradezu gefährlich, irgendwelche Maßnahmen (zu treffen), die auf eine sog. ‚Rearisierung‘ hinauslaufen“. Bei derart massiven Bedenken, die Linse auftürmte, konnte Lipp nur noch kapitulieren. Damit hatte Linse eine für sich selbst gefährliche Klippe umschifft, denn bei einer „Rearisierung“ wäre auch seine eigene Rolle deutlich geworden. Damit drohte die Entlassung bei der IHK oder sogar ein Eingreifen der Besatzungsmacht.

Doch juristischer Scharfsinn, wirtschaftliche Kompetenz und organisatorisches Geschick kamen Linse nicht nur gegenüber Dr. Lipp zugute. Auch die Sowjetische Militäradministration (SMAD) brauchte Männer wie ihn, um die Wirtschaft wieder in Gang zu bringen. Dabei setzte die SMAD 1945 auf die Kammern. Schon Mitte 1945 wurden sie zu Vertretern der Arbeitgeber bei Tarifverhandlungen bestellt. Die Kammern waren auch in der am 30. Juni 1945 von der SMAD einberufenen Beratenden Versammlung für das Land Sachsen vertreten. Aufgrund der Verordnung über die Bildung von Industrie- und Handelskammern im Bundesland Sachsen vom 29. Oktober 1945 erhielten sie sogar ihre alten Bezeichnungen zurück. Sie wurden nun zu „Organe(n) der Wirtschaft zur Durchführung der von den Zentralverwaltungen und der Landesverwaltung in Bezug auf Industrie und Handel erlassenen Anordnungen, Verfügungen und Richtlinien“. Damit blieben die Kammern Organe der staatlichen Auftragsverwaltung.[154]

[153] Vgl. nur Klaus Bästlein, Was ist ein Menschenleben wert? Zur Praxis der Entschädigung jüdischer NS-Opfer aus Berlin-Neukölln nach 1945, in: Dorothea Kolland (Hrsg.), Zehn Brüder waren wir gewesen ... Spuren jüdischen Lebens in Berlin-Neukölln, Berlin 1988, S. 443-466.

[154] Staatsarchiv Chemnitz, Findbuch zum Bestand 30874, bearbeitet von Michael Rudloff, Chemnitz 2002, Kapitel „Die Industrie- und Handelskammer in der SBZ und der DDR“.

Walter Linse agierte in der zweiten Hälfte des Jahres 1945 weiterhin als die „Feuerwehr" der Wirtschaft im Bezirk der IHK Chemnitz. Denn immer, wenn in dieser Zeit der sowjetischen Besetzung Demontagen im Rahmen der Reparationen drohten, wandten sich die Betriebsleiter an ihn. Linse eilte dann herbei und versuchte, mit den verantwortlichen sowjetischen Offizieren einen „Deal" zu machen. Das gelang – jedenfalls nach Linses Aktennotizen zu urteilen – vor allem in den ersten Monaten oft, wenn der sowjetischen Seite Kompensation in Gestalt von Alkohol geboten werden konnte. So sollen sich die Offiziere nicht selten gegen ein paar Dutzend Flaschen Hochprozentigem mit symbolischen Demontagen wie dem Abtransport ausgemusterter Maschinen begnügt haben. Das änderte sich aber im Verlauf des Jahres 1946 mit der Professionalisierung der SMAD.

Nun konnten ein paar Kisten Schnaps Demontagen im Zuge von Reparationen nicht mehr abwenden. Dabei wurden die abgebauten Maschinen und Anlagen so gut wie nie wieder in Betrieb genommen, sondern verkamen auf Lager- und Abstellplätzen in der Sowjetunion, um schließlich als Schrott verscharrt zu werden oder – bestenfalls – in Hochöfen zu wandern. Der Schaden, der der Wirtschaft in der Sowjetischen Besatzungszone (SBZ) und vor allem dem hochindustrialisierten Sachsen durch die Reparationen zugefügt wurde, war enorm, während der Nutzen für die Sowjetunion gegen Null tendierte. Insgesamt waren die Demontagen sogar kontraproduktiv, weil sie sowjetische Transport- und Lagerkapazitäten blockierten. Doch an der symbolischen Politik der Reparationen wurde lange festgehalten. Erst gegen Ende der vierziger Jahre setzt sich in der sowjetischen Planökonomie die Erkenntnis durch, dass es effektiver war, die Maschinen mit den Arbeitskräften in Deutschland für sich arbeiten zu lassen.[155]

1946 musste Linse es aufgeben, vor Ort Demontagen verhindern zu wollen. Das konnte er nun allenfalls noch auf höherer Ebene von Chemnitz aus versuchen. Dabei kam ihm zustatten, dass er mittlerweile zum Geschäftsführer und damit zum höchsten Repräsentanten der IHK Chemnitz avanciert war. Denn der bisherige Kammerpräsident, SA-Führer und NSDAP-Kreisleiter Hans Schöne war nach dem Ende der NS-Herrschaft

155 Siehe Rainer Karlsch/Jochen Laufer (Hrsg.), Sowjetische Demontagen in Deutschland 1944-49, Berlin 2002.

nicht mehr tragbar. Auch der bisherige Geschäftsführer Dr. Hillig schied aus. Zu seinem Nachfolger avancierte Dr. Walter Linse – und da es keinen Nachfolger des Präsidenten gab, wurde er damit der höchste Repräsentant der Industrie- und Handelskammer Chemnitz. In dieser Eigenschaft verschwieg Walter Linse seine eigene Mitgliedschaft in der NSDAP. Er war schon 1945 der LDPD (Liberal-Demokratische Partei Deutschlands) beigetreten.

Ungemach konnte Walter Linse auch durch die Entnazifizierung drohen. Sie wurde aber nicht systematisch durchgeführt. 1945 tauchte zunächst der Bericht eines Edgar Fischer aus Chemnitz über eine angebliche Widerstandsorganisation „Ciphero“ auf. Nun war die Zeit nach dem 8. Mai 1945 – boshaft ausgedrückt – die Hochzeit des deutschen Widerstands gegen Hitler. Denn durch die NS-Machthaber war nichts mehr zu befürchten und unter den Alliierten konnten Widerstandsaktivitäten nur Pluspunkte bedeuten. So wie nach dem Januar 1933 die „Märzgefallenen“ massenhaft der NSDAP beigetreten waren, so wollten nach dem Mai 1945 viele im Widerstand gegen Hitler gestanden haben. In Kiel behauptete sogar der Chefankläger des dortigen Sondergerichts, dass er abends Flugblätter gegen die Nazis verbreitete, nachdem er tagsüber Todesurteile gegen NS-Gegner, Unliebsame und Kriminelle erwirkt hatte. Diese absurde Geschichte nahm ihm nicht nur der SPD-Ortsverein, dem er beitreten durfte, sondern auch die britische Besatzungsmacht ab, die ihn als Oberstaatsanwalt im Amt beließ.[156] Die sächsischen Antifaschisten und die Sowjets hatten im Fall der angeblichen Widerstandsorganisation „Ciphero“ ebenfalls ihre Probleme.

Schon der auf Juni 1945 datierte Bericht über „Ciphero“ war unglaubwürdig.[157] So hieß es einleitend, dass sich in Chemnitz Ende 1941 eine Widerstandsorganisation bildete, die Folgendes tat: „Ein in vielen Einzelheiten festgelegter Plan wurde ausgearbeitet, verbissen verfolgt und zur Durchführung eine Anzahl zuverlässiger Mitarbeiter nach und nach ausge-

[156] Klaus-Detlev Godau-Schüttke, „Ich habe doch nur dem Recht gedient ...“ Die Renazifizierung der Justiz in Schleswig-Holstein, Baden-Baden 1992.

[157] Anders Kirsch, Walter Linse, S. 40-43, der die Legende von der Widerstandsorganisation „Ciphero“ ohne jede Prüfung übernommen hat.

sucht."[158] Der Begründer und Leiter des militärischen Arms dieser Organisation namens Edgar Fischer war nach einer Verwundung als Wehrmachtsangehöriger zu einem Chemnitzer Ersatztruppenteil kommandiert worden, wo er als Schreiber Verwendung fand. In dieser Eigenschaft will er dann durch das Abhören ausländischer Sender, die Versetzung von NS-Aktivisten an die Front und das Festhalten von Nazi-Gegnern in der Heimat, und zwar insbesondere „antifaschistischer Kinderreicher", die „Nazikriegsmaschinerie sehr empfindlich, aber unbemerkt gestört" haben.[159] Dabei ist nicht auszuschließen, dass Fischer als Schreiber tatsächlich den einen oder anderen Soldaten vorübergehend vom Fronteinsatz verschonen konnte, doch darin dürfte sich sein „Widerstandskampf" erschöpft haben.

Den angeblichen zivilen Arm der Organisation soll daneben der Leiter des Arbeitsamtes Flöha, der promovierte Jurist Paul Oelschlägel, geführt haben. Der „Widerstandskämpfer" Oelschlägel war der NSDAP bereits 1932 beigetreten und somit auch „Alter Kämpfer" der Nazi-Partei. Seine einzige Widerstandsaktivität bestand – nach den wortreichen Darlegungen Fischers – darin, dass er mit Walter Linse zusammenarbeitete, der „einen leitenden Posten bei der Industrie- und Handelskammer Chemnitz (bekleidet). Mit ihm (d.i. Linse, Anm. d. Verf.) wurden sämtliche Anordnungen und Verfügungen , die von den zuständigen Reichsbehörden herauskamen, eingehend durchgesprochen und ihre Durchführung gestört, bezw. verzögert, wo es angängig war."[160] In den Akten der Industrie- und Handelskammer Chemnitz und den dortigen Unterlagen Walter Linses hat dies allerdings keine Spuren hinterlassen. Im Gegenteil: Linse arbeitete stets flott, diensteifrig und mit hoher Durchsetzungskraft. Und in einem ausführlichen dreiseitigen Lebenslauf, den der „Alte Kämpfer" Oelschlägel Ende 1945 zu den Akten gab, findet sich kein einziges Wort zur vorgeblichen Widerstandsorganisation „Ciphero", deren zivilen Zweig er geleitet haben soll.[161]

[158] Bericht über die antifaschistische Widerstandsbewegung „Ciphero", in: Stadtarchiv Chemnitz, Bestand 65 (Antifa-Block), fol. 16-30, Zitat fol. 16.
[159] Zitat ebd., fol. 20.
[160] Zitat ebd., fol. 28.
[161] Lebenslauf Paul Oelschlägel, in: Stadtarchiv Chemnitz, Bestand 65, fol. 117-119.

Fischer schilderte die vorgebliche „Widerstandsarbeit" von „Ciphero" so, wie ein Laie sich die „konspirative Arbeit" des Widerstands gegen den Nationalsozialismus vorstellte. So erhielten die Mitglieder der Organisation in seiner vierzehnseitigen Ausarbeitung nur Nummern und dann folgten in einer beigefügten „Mitgliederliste" die Namen, z.B. „Nr. 16 – Dr. Linse, Chemnitz, Industrie- und Handelskammer". In einer „Erklärung" vom 18. November 1945 führte Fischer aus: „Alle Angehörigen der ‚Ciphero'-Bewegung (insgesamt 36) sind charakterlich einwandfreie, in ihrer politischen Einstellung antifaschistische Personen, die sämtlich von mir und einem Fachwissenschaftler der Charakterologie (sic!) überprüft wurden, ehe sie innerhalb der Bewegung Verwendung fanden."[162] Zudem wurde der Vorgang zu „Ciphero" in einer Akte des „Antifaschistisch-demokratischen Blocks" abgelegt, der eine „Sammlung haltloser Spuren" – wie es die Kripo nennt – enthielt. So reichte das ZK der KPD in Berlin am 17. November 1945 den ersten Vorgang in der Akte mit dem Bemerken zurück: „Die Angelegenheit, die reichlich phantastisch ist, muß dort behandelt werden." Schließlich verlief die Arbeit von „Ciphero" tatsächlich so „unbemerkt", dass sie in der sonstigen Überlieferung keine Spuren hinterließ und in der Forschung zum deutschen Widerstand absolut unbekannt ist.[163]

Die Vorgänge zur angeblichen Widerstandsgruppe „Ciphero" waren Anfang 1946 zum „Sonderausschuss" für die Entnazifizierung des „Antifaschistisch-Demokratischen Blocks" in Dresden gelangt, der den nachgeordneten „Block" in Chemnitz um nähere Auskünfte zu 15 „Ciphero"-Mitgliedern bat, die der NSDAP angehört hatten, darunter auch Linse.[164] In der Folgezeit sammelten sich einige Unterlagen beim „Antifaschistisch-Demokratischen Block" in Chemnitz an. So setzte sich der Stadtteilaus-

[162] Erklärung Edgar Fischers über die ehemalige antifaschistische Widerstandsbewegung „Ciphero" vom 18.11.1945, in: Stadtarchiv Chemnitz, Bestand 65, fol. 43. Spätestens hier hätten auch Kirsch, Walter Linse, Zweifel an der Darstellung kommen müssen, denn selbstredend gibt es keine „Fachwissenschaftler der Charakterologie".

[163] Auskunft des Leiters der Gedenkstätte Deutscher Widerstand Prof. Dr. Johannes Tuchel vom August 2007.

[164] Schreiben des „Antifaschistisch-Demokratischen Blocks, Sachsen, Sonderausschuß" vom 9. Februar 1946, in: Stadtarchiv Chemnitz, Bestand 65, fol. 92.

schuss Kaßberg mit der Ehefrau Linses in Verbindung und verfasste am 28. Februar 1946 folgenden Bericht: „Von Beruf ist Linse Referent bei der Wirtschaftskammer Chemnitz. In der NSDAP, SA oder einer anderen Formation war er nicht. Betätigt oder hervorgetan hat er sich nicht. Er war ein Gegner des Nazi-Regimes. Jetzt gehört Linse keiner Partei an. Für die Solidarität und bei Spenden gibt er reichlich.“[165] Schon anders klang ein Bericht der LDPD, der Linse 1945 beigetreten war, vom Folgetag:

„1.) persönlich: Dr. jur. Linse stammt aus kleinen Verhältnissen und hat sich durch eigene Kraft und Fleiss emporgearbeitet. Er gilt in seinem Beruf als weit überdurchschnittlicher Könner. 2.) politisch: Herr Dr. Linse hat sich nach seinen eigenen Angaben seinerzeit und auf ausdrücklichen Druck des damaligen Präsidenten der Industrie- und Handelskammer Chemnitz, Herrn Schöne, zur NSDAP als Mitglied gemeldet; es soll aber bei dieser Meldung geblieben sein ...“ Weiter heißt es, er habe es „stets abgebogen ..., dass er ein Mitgliedsbuch ausgestellt erhielt. Mithin betrachtet sich derselbe nicht als zur NSDAP gehörend. Aber in Anbetracht dieser Anmeldung zur NSDAP ... zog Herr Dr. L. die Konsequenzen und beantragte seinen Austritt aus der Liberal-demokratischen Partei. Nach unseren Informationen ist aber Dr. Linse immer ein Gegner der Nazi-Ideologie gewesen, was wir besonders hervorheben möchten. Unseres Erachtens wäre es kein Fehler, diesen Menschen am Wiederaufbau Deutschlands seinen Kenntnissen und Fähigkeiten entsprechend heranzuziehen.“[166]

Bei der KPD in Chemnitz war schon im September 1945 ein eher denunziatorischer Bericht zu Linse eingegangen. Darin hieß es: „Linse behauptet, nicht Mitglied der NSDAP gewesen zu sein. Dieserhalb ist er auch nach dem Umbruch im Amt verblieben und ... darüber hinaus sogar ... beträchtlich gefördert worden.“ Es wurde ausgeführt, dass „er sich im Jahre 1938 oder 1939 mit allen zu Gebote stehenden Mitteln bemühte, in die NSDAP aufgenommen zu werden. Es steht fest, dass Linse in der Wirtschaftskam-

165 Schreiben des „Demokratischen Blocks der Antifaschistischen Parteien, Chemnitz, Stadtteil Kaßberg“ vom 28. Februar 1946, in: Stadtarchiv Chemnitz, Bestand 65, fol. 104.

166 Schreiben der Liberal-Demokratischen Partei Deutschlands, Hauptgeschäftsstelle Chemnitz“ vom 1. März 1946, in: Stadtarchiv Chemnitz, Bestand 65, fol. 102.

mer das Parteiabzeichen getragen hat ..." Weiter wurde behauptet, dass Linse „während einer Referendarzeit" Mündelgelder veruntreut haben sollte. Das ist aber schon deshalb sehr fraglich, weil Referendare in aller Regel nicht über Mündelgelder verfügen können. Auch ging es gegen „die Herren Akademiker", die sich „gegenseitig Beistand leisten, um einen kleinen Staat im Staate für sich aufzurichten". Schließlich hieß es: „Dr. Linse ist bekannt als rechte Hand des ehem. Kreisleiters und Handelskammer-Präsidenten Schöne."[167] Den Bericht hatte die KPD auch an die Kriminalpolizei gegeben, die aber offenbar nichts veranlasste.

Das war alles, was 1945/46 an Nachprüfungen zur Person Walter Linses durch den „Antifaschistisch-Demokratischen Block" in Chemnitz erfolgte. Die Anfrage des „Sonderausschusses" in Dresden wurde am 2. April 1946 wie folgt beantwortet: „Dr. Linse, Chemnitz, Ulmenstraße 59: Nach unseren Informationen ist Dr. Linse ein Gegner der Nazis gewesen und sich deshalb auch der ‚Ciphero'-Bewegung zur Verfügung stellte (sic!). Wir treten dafür ein, dass Dr. Linse aufgrund dieser Tatsache rehabilitiert wird. – Von Beruf ist er Referent bei der Industrie- und Handelskammer Chemnitz."[168] Der „Ciphero"-Schwindel hatte verfangen, und die „Entnazifizierung" Linses wurde offenbar so betrieben, wie es im Westen oft der Fall war. Eine systematische Überprüfung im Rahmen der Entnazifizierung fand im sowjetisch kontrollierten Sachsen offenbar nicht statt.[169]

Zur Ironie der Geschichte zählt, dass die Verantwortlichen für die unzureichende „Entnazifizierung" in der Kommandantur von Chemnitz wahrscheinlich unterhalb derjenigen Akten saßen, die Linses Tätigkeit im Rahmen der „Entjudung" dokumentierten. Es spricht nämlich vieles dafür, dass die Akten der IHK auf dem Boden ihres Gebäudes an der Bahnhofstraße verblieben, als die Sowjets dort im Mai 1945 einzogen. Damit war

167 Bericht an die KPD vom 14.9.1945, in: Stadtarchiv Chemnitz, Bestand 65, fol. 113.

168 Schreiben des „Demokratischen Blocks der Antifaschistischen Parteien, Chemnitz" vom 2. April 1946, in: Stadtarchiv Chemnitz, Bestand 65, fol. 106.

169 Zur Entnazifizierung im Allgemeinen siehe: Lutz Niethammer, Die Mitläuferfabrik. Die Entnazifizierung am Beispiel Bayerns, 2. Aufl., Berlin/Bonn 1972; Clemens Vollnhals, Entnazifizierung. Politische Säuberung und Rehabilitierung in den vier Besatzungszonen 1945-1949, München 1999.

auch Walter Linse gehindert, seine eigene schriftliche Hinterlassenschaft aus der Welt zu schaffen, was ihm als Geschäftsführer der IHK sonst sicher problemlos möglich gewesen wäre – und was wohl viele „Entjudungsreferenten" der deutschen Industrie- und Handelskammern getan haben.

Eine noch größere Ironie der Geschichte stellte der Umstand dar, dass ausgerechnet der „Entjudungsreferent", NSDAP-Parteigenosse und NS-Propagandist Walter Linse 1946/47 die Entnazifizierung der steuer- und wirtschaftsberatenden Berufe bei der IHK Chemnitz durchführte. Er hatte dabei in mindestens 61 Verfahren den Vorsitz, von denen die Akten überliefert sind.[170] Eine genaue Analyse dieser Verfahren muss weiteren Untersuchungen vorbehalten bleiben. Fest steht aber, dass Linse – von wenigen Sonderfällen abgesehen – durchweg die berufliche Weiterverwendung der Betroffenen empfahl. Bei den Sonderfällen ging es um NS-Aktivisten, die bereits vor 1933 der Partei beigetreten und öffentlich bekannt waren.

Im Übrigen scherte es Linse nicht, dass zu den von ihm Wiederzugelassenen sogar überwiegend NSDAP-Mitglieder zählten, von denen sich wiederum ein beträchtlicher Teil unter der Federführung Linses auch an den „Arisierungen" beteiligt hatte. Gegen sie konnte Linse nicht vorgehen, ohne sich selbst anzuklagen. Insbesondere musste er bei Sanktionen gegen diese früheren Sachverständigen und Treuhänder damit rechnen, dass sie seine eigene Rolle offenbaren würden. Also war Linse – was er als Jurist auch wusste – von vornherein befangen. Dass dies überhaupt möglich war, stellt den antifaschistischen Gründungsmythos der SBZ / DDR auch faktisch in Frage. Gerade zur Entnazifizierung in der SBZ fehlt es dabei noch an empirischen Studien, deren Durchführung vor dem Hintergrund des Falles Linse dringend geboten erscheint.[171]

[170] Staatsarchiv Chemnitz, 30874 / 799 bis 859.

[171] Soweit ersichtlich, liegen hierzu bislang nur folgende quellengesättigten Arbeiten vor: Olaf Kappelt, Die Entnazifizierung in der SBZ sowie die Rolle und der Einfluß ehemaliger Nationalsozialisten in der DDR als soziologisches Phänomen, Hamburg 1997; Demian van Melis, Entnazifizierung in Mecklenburg-Vorpommern. Herrschaft und Verwaltung 1945-48, München 1999. Beide Arbeiten kommen hinsichtlich der „Entnazifizierung" in der SBZ zu ähnlichen Ergebnissen wie die vorliegende Studie.

Walter Linse soll 1948 einer der letzten, ja vielleicht sogar der letzte Repräsentant einer Industrie- und Handelskammer in der SBZ gewesen sein, der nicht der SED angehörte oder nahestand. Daneben begann sich die Stellung der Kammern zu dieser Zeit merklich zu wandeln. Was sich 1948 bereits anbahnte, wurde dann 1949 umgesetzt: Die Kammern verloren alle Zuständigkeiten hinsichtlich der „volkseigenen Betriebe". Das aber war ein großer und bedeutender Teil ihrer bisherigen Klientel. Auf längere Sicht mussten die Industrie- und Handelskammern damit zu beratenden und begutachtenden Organen des sekundären Wirtschaftssektors, nämlich der nachgeordneten Privatwirtschaft werden.[172] Vor diesem Hintergrund muss es Walter Linse klar geworden sein, dass er in seiner Heimat nicht nur keine Karriere mehr machen konnte, sondern dass auch seine bisherige Position als Geschäftsführer der IHK infrage stand. Erstmals in seinem Leben gab es für ihn keine Perspektiven mehr in seiner sächsischen Heimat.

Linse blieb nun nur noch der Weg in die Fremde, nämlich nach Berlin (West), das zu dieser Zeit noch weitgehend gefahrlos aus der SBZ heraus erreicht werden konnte. Im Juni 1948 war es so weit: Walter Linse und seine Ehefrau Helga setzten sich nach Berlin ab, deren drei westliche Sektoren als Insel der Freiheit dem Machtanspruch der SED trotzten. Die drei westlichen Alliierten waren spätestens während der Blockade 1948 Schutzmächte der Bevölkerung geworden. Die Völker der Welt schauten auf diese Stadt. Sie war der Kulminationspunkt der Ost-West-Auseinandersetzung. Berlin war „Frontstadt" und Spielwiese der Geheimdienste. Und mitten in dieses Haifischbecken sprang Walter Linse.

[172] Staatsarchiv Chemnitz, Findbuch zum Bestand 30874, bearbeitet von Michael Rudloff, Chemnitz 2002, Kapitel „Die Industrie- und Handelskammer in der SBZ und der DDR".

9. Die Entführung und Ermordung Walter Linses

Der Neuanfang in Berlin wird dem Ehepaar Linse Mitte 1948 nicht leicht gefallen sein. Zwar fand der knapp 45-jährige Walter Linse aufgrund noch in Chemnitz geknüpfter Kontakte sofort eine Anstellung als Syndikus, d.h. juristischer Vertreter, der neu gegründeten Firma „Imbral". Damit war das Einkommen gesichert, so dass in der Gerichtsstraße 12 a in Lichterfelde problemlos eine für damalige Verhältnisse großzügige Vier-Zimmer-Wohnung gemietet werden konnte. Doch die Linses hingen anscheinend an Chemnitz. Jedenfalls per Post und durch Besucher wurde enger Kontakt nach Sachsen gehalten. Im Übrigen galten die Linses eher als zurückhaltend. Walter Linse musste wohl auch einigen Spott über sich ergehen lassen. Denn er sprach – wie sich eine Nachbarin noch nach Jahrzehnten erinnerte[173] – ein ausgeprägtes Sächsisch. Und die Berliner nahmen das gewiss zum Anlass entsprechend schnodderiger Bemerkungen. Beruflich ergab sich nach zwei Jahren durch den Kontakt zum „Untersuchungsausschuss freiheitlicher Juristen (UfJ)" eine Veränderung. Linse hatte den UfJ im Dezember 1950 mit seinem Chef aufgesucht, um sich hinsichtlich der Kreditgewährung zum weiteren Aufbau des Unternehmens beraten zu lassen.

Dabei wurde man auf den Juristen Linse mit seinen ausgeprägten Kenntnissen der sächsischen Wirtschaft aufmerksam. Kurz darauf erreichte Linse die Anfrage, ob er die Abteilung Wirtschaft des UfJ aufbauen wollte. Das wollte er durchaus. Man legte ihm nahe, in seiner Bewerbung ein Bekenntnis zu „westlichen Werten", d.h. vor allem zu Rechtsstaatlichkeit und politischer Freiheit abzulegen. Das tat Walter Linse. An seiner Vergangenheit, d.h. seiner konkreten Tätigkeit unter dem Nationalsozialismus und seiner Mitgliedschaft in der NSDAP war man dagegen nicht interessiert. Dabei hätte die Parteimitgliedschaft problemlos im amerikanischen Document Center überprüft werden können. Walter Linse erhielt ein großzügiges Gehalt von 620,00 DM monatlich, was knapp dem Doppelten des damaligen Durchschnittsverdienstes eines Arbeiters oder kleinen Angestellten entsprach. Als Abteilungsleiter konnte er weitgehend selbstständig schalten und walten. Wieder kamen ihm seine juristischen und ökonomi-

173 Bericht „Ungeklärte Schuldfrage", in: Der Tagesspiegel vom 29. März 2008, S. 27.

schen Kenntnisse, seine sprachliche Darstellungsfähigkeit und sein Organisationsgeschick zugute. Durch Zeitungsbeiträge, Vorträge und Rundfunksendungen boten sich ihm zudem gute Möglichkeiten zur Profilierung in der Öffentlichkeit.

Der UfJ war 1949 gegründet worden.[174] Er richtete 1950 mit aus der SBZ/DDR geflüchteten Juristen eine Beratungsstelle in West-Berlin ein, wo DDR-Bürgern kostenlose Rechtsauskünfte erteilt wurden. Täglich kamen bis zu 200 Personen. Sie lieferten in vielen Fällen Informationen über Vorgänge in der DDR. Diese Informationen und die Analysen des UfJ waren nachrichtendienstlich von Interesse. So war die Gründung des UfJ mit Hilfe des US-Geheimdienstes CIA erfolgt, der in den 50er Jahren maßgeblich an seiner Finanzierung beteiligt war.[175] Auf Weisung des CIA beteiligte sich der UfJ zeitweilig sogar an der Bildung von mit Funkgeräten ausgerüsteten Gruppen, die in der DDR im Kriegsfall tätig werden sollten. Derartige Pläne wurden zwar bald wieder aufgegeben, schadeten aber dem Ruf des UfJ, der sich sonst von Sabotagehandlungen distanzierte.

Neben der Erteilung von Rechtsauskünften und der Informationsbeschaffung dokumentierte der UfJ die Rechtsentwicklung in der SBZ/DDR in wissenschaftlicher Weise.[176] Mit Flugschriften, Periodika und Rundfunkvorträgen betrieb er antikommunistische Propaganda. Formell wurde der UfJ von der „Vereinigung Freiheitlicher Juristen e.V." getragen, 1960 vom Gesamtdeutschen Ministerium übernommen und 1969 ins Gesamtdeutsche Institut integriert. Treibende und leitende Kraft war der DDR-Flüchtling

174 Siehe Siegfried Mampel, Der Untergrundkampf des Ministeriums für Staatssicherheit gegen den Untersuchungsausschuß Freiheitlicher Juristen in Berlin (West), 3. Aufl., Berlin 1997 (Schriftenreihe des Berliner Landesbeauftragten für die Unterlagen des Staatssicherheitsdienstes der ehemaligen DDR, Bd. 1), S. 8f. - Mampel war seit 1951 hauptamtlicher Mitarbeiter des UfJ.

175 George Bailey / Sergej A. Bailey / David E. Murphy, Die Unsichtbare Front, Der Krieg der Geheimdienste im geteilten Berlin, S. 159-171. Siehe auch Karl Wilhelm Fricke / Roger Engelmann, „Konzentrierte Schläge". Staatssicherheitsaktionen und politische Prozesse in der DDR 1953-1956, Berlin 1988, S. 89-97.

176 Vgl. nur Unrecht als System, hrsg. vom Gesamtdeutschen Ministerium, 4 Bde., Bonn 1952ff.

Horst Erdmann, der unter dem Decknamen „Dr. Theo Friedenau“ agierte. Der UfJ beschäftigte bis zu 80 hauptamtliche Kräfte. Für die SED und ihr MfS stellte der UfJ eine „Agentenzentrale“ dar. Bereits am 15. März 1951 erließ Erich Mielke eine Dienstanweisung, nach der bei allen Justizbehörden der DDR und „unter Rechtsanwälten, Notaren sowie Rechtsberatern GM (Geheime Mitarbeiter, Anm. d. Verf.) oder Informatoren“ zum Einsatz gegen den UfJ angeworben werden sollten.[177] Für die Bekämpfung des UfJ wurde ein eigenes Referat in der Hauptabteilung V (Verfolgung der inneren Opposition) im MfS (Ministerium für Staatssicherheit) geschaffen.

Schon 1951 gelang es Bruno Beater, dem späteren „l. Stellvertreter des Ministers“, mit seiner Hauptabteilung V, die Sekretärin Ruth Schramm in den UfJ einzuschleusen.[178] Sie genoss das Vertrauen leitender Mitarbeiter und berichtete der Stasi über zahlreiche DDR-Bürger, die zum UfJ kamen. Einen Höhepunkt der Arbeit des UfJ stellte der „Internationale Juristen-Kongress“ vom 25. bis 28. Juli 1952 dar. Teilnehmer aus 42 Ländern befassten sich mit der Rechtsentwicklung und den krassen Rechtsverstößen in der DDR. Der Kongress ließ das MfS nicht ruhen. So fand vor seinem Beginn ein Schauprozess gegen sieben Besucher des UfJ statt. Unter dem Vorsitz Hilde Benjamins verhängte das Oberste Gericht mit zweimal lebenslänglich, einmal vierzehn, zweimal zwölf und einmal zehn Jahren Zuchthaus drakonische Strafen; ein Angeklagter wurde freigesprochen. In ihrem Urteil verkündete Benjamin: „Eine ... besonders auf Spionage jeder Art spezialisierte Hilfsorganisation des amerikanischen Geheimdienstes CIA ist die sogenannte ‚Vereinigung und Untersuchungsausschuß freiheitlicher Juristen’, die in der Limastraße in Westberlin ihren Sitz hat und deren Agenten die hier Angeklagten sämtlich gewesen sind.“[179]

[177] Siehe ebd., S. 92f.

[178] Ruth Schramm wurde 1951 in die DDR zurückgezogen und sagte 1952 im Prozess gegen UfJ-Mitarbeiter vor dem Obersten Gericht aus. Sie war dann als Sekretärin an der Universität Leipzig, im dortigen Zimmernachweis und bei der Beobachtung von DDR-Touristen als IM „Winter“ bis 1989 für das MfS tätig. Ihr Sohn setzte die Spitzelei als IM „Winter II“ fort. Vgl. die einschlägigen staatsanwaltschaftlichen Ermittlungen , in: Staatsanwaltschaft II, Az. 2/29 Js 431/91.

[179] Zitiert nach Beckert, Die erste und letzte Instanz (wie Anm. 68), S. 250. Das Urteil wurde in der Neuen Justiz 1952, S. 490ff., veröffentlicht.

Einiges spricht dafür, dass als Angeklagter in diesem Schauprozess auch der Leiter der Wirtschaftsabteilung des UfJ, Walter Linse, vorgesehen war. Jedenfalls wurde von Mielke und Beater beschlossen, ihn aus West-Berlin entführen zu lassen.[180] Das war zu dieser Zeit allerdings nur mit Zustimmung der „Freunde", also der sowjetischen Instrukteure im MfS, möglich. Sie stimmten der Entführung denn auch ausdrücklich zu, und das MfS warb dafür eigens Kriminelle an. Schöpfer einer entsprechenden „Operativgruppe" wurde Paul Marustzök[181], der als Vertrauter Beaters eine Sonderstellung im MfS einnahm. Im Juni 1952 hatte er erfahren, dass der Bandenführer Harry Bennewitz im Ost-Berliner Stadtvogtei-Gefängnis einsaß. Dort verpflichtete Marustzök den wegen Einbruchdiebstählen und Raubüberfällen erheblich bestraften Gewalttäter.[182] Ausschlaggebend war, dass Bennewitz „gegen die Polizei drüben (d.i. West-Berlin) während seiner ganzen Laufbahn als Bandenführer gekämpft" hatte.[183]

180 Siehe Siegfried Mampel, Entführungsfall Dr. Walter Linse - Menschenraub und Justizmord als Mittel des Staatsterrors, Berlin 1999 (Schriftenreihe des Berliner Landesbeauftragten für die Unterlagen des Staatssicherheitsdienstes der ehemaligen DDR, Bd. 10).

181 Paul Marustzök wurde 1921 in Leipzig geboren. Er lernte Maschinenschlosser, wurde 1940 zur Wehrmacht eingezogen und desertierte 1943. 1945 trat er der KPD bei, ging am 10.9.1945 zur Volkspolizei, Abteilung K (Kriminalpolizei), und wechselte am 1.11.1949 zum MfS. Ab 1953 war er in Schlüsselpositionen für verschiedene Abteilungen des MfS tätig und wurde bis zum Oberstleutnant befördert. Er kam bei einem Unfall am 10.4.1974 ums Leben. Angaben nach dem Personalbogen des MfS über Marustzök, Kopie in: Staatsanwaltschaft II, Az. 2/29 Js 431/91, Beiakte 28.

182 Bennewitz wurde 1921 in Berlin geboren. 1937/38 fuhr er als Schiffsjunge zur See und lebte 1939-41 illegal in Spanien und Südfrankreich. 1941 aufgegriffen, wurde er als Seemann dienstverpflichtet, tauchte aber 1943 mit gefälschten Papieren in Berlin unter. 1946 begann seine Karriere als Bandenchef, wobei er sich bis 1952 überwiegend in Haft befand. Unter vielem anderen schlug er 1947 im Gefängnis Moabit einen Wachtmeister nieder, brach 1950 aus dem Zuchthaus Lehrter Straße aus und gab sich als Kriminalbeamter aus. Siehe ebd., Beiakte 9.

183 Vorschlag Marustzöks zum Einsatz von Bennewitz als GM „Barth" und Anführer einer operativen Gruppe vom 30.6.1952, Kopie in: Staatsanwaltschaft II, Az. 2/29 Js 431/91, Beiakte 9.

Marustzök warb auch die übrigen Beteiligten an, nämlich Siegfried Benter, Herbert Krüger und Kurt Knobloch. Zudem ließ er am Kurfürstendamm einen Opel-Kapitän besorgen. Am Abend des 2. Juli 1952 kamen die Entführer in einer Wohnung in Karlshorst zusammen, wo Bennewitz das Kommando übernahm. Am nächsten Morgen ging es im Opel-Kapitän in die Gerichtsstraße nach Lichterfelde. Dort machte Dr. Walter Linse sich gegen 7.30 Uhr auf den Weg zur Arbeit. Bennewitz und Knobloch wollten ihn in das Auto zerren. Doch ein Passant mit Dackel irritierte die Entführer, so dass sie die weitere Tatausführung aufgaben.[184] Der zweite Versuch am 8. Juli 1952 wurde besser vorbereitet. So erhielt der Opel-Kapitän extra eine schwarze Lackierung, wurde als Taxi getarnt und mit den Kennzeichen einer festgehaltenen Droschke aus West-Berlin versehen.[185] An die Stelle von Benter trat der Berufsringer Kurt Borchard. Zudem gab Marustzök drei Pistolen Kaliber 7,65 mit ausgefeilten Nummern, eine Pistole Kaliber 6,35 sowie Äther, Watte und einen Totschläger aus.

Zum Tathergang stellte das Landgericht Berlin im Urteil vom 4. Juni 1954 fest: „Etwa gegen 7.30 Uhr verließ dieser (Dr. Linse, Anm. d. Verf.) das Haus. Borchard trat an ihn heran, fragte ihn nach der Zeit und bat ihn um Feuer. Als Dr. Linse sich schickte, dieser Bitte zu entsprechen, ergriff ihn Borchard am Oberarm, riß ihn herum und schlang seinen anderen Arm um Dr. Linses Hals. Dr. Linse riß sich jedoch wieder los. Er lief in Richtung auf das Kraftfahrzeug, in dem Krüger am Steuer saß, und vor dem Bennewitz stand. Borchard eilte hinter her. Er packte Dr. Linse erneut so, dass er mit dem auf seiner Schulter liegenden Opfer in den offenen Wagen hineinfiel. Inzwischen sprang Bennewitz auf den vorderen rechten Platz. In diesem Augenblick fuhr der Wagen auch schon an, so dass die Tür des Fahrzeuges dem Angeklagten (Knobloch, Anm. d. Verf.), der als letzter in den Wagen stieg, gegen die Waden stieß. Der Wagen fuhr mit großer Geschwindigkeit davon."[186] Weiter hieß es: „Während der Fahrt zur Zonengrenze kam Dr. Linse mit dem Gesicht auf dem Boden des Fahrzeugs zu

[184] Darstellung nach dem Urteil der 2. Großen Strafkammer des Landgerichts Berlin vom 4.6.1954 zum Az. (502) 1 P KLs 16/53 (96/53) gegen Kurt Knobloch, Kopie in: Staatsanwaltschaft II, Az. 2/29 Js 431/91, Ermittlungsakten Bd. IIa, Bl. 213-228.

[185] Ebd., Bl. 216.

[186] Ebd., Bl. 216f.

liegen. Als der Wagen sich in Bewegung setzte, hingen noch seine Beine aus demselben heraus. Er wurde von Bennewitz aufgefordert, die Beine einzuziehen. Als er dieser Aufforderung nicht nachkam, schoß ihm Bennewitz in beide Beine."[187] Und: „Der Zeuge Jeschke, der etwa 20 m hinter der Taxe mit einem blauen Lieferwagen stand und den Überfall beobachtet hatte, verfolgte unter dauerndem Hupen den Opel-Kapitän ... Während der Verfolgungsjagd wurde sein Lieferwagen aus der Taxe heraus beschossen. ... Jeschke (hielt) einen ... Polizeiwagen an und schilderte den fraglichen Vorfall. Der Polizeiwagen nahm ... die ... Verfolgung auf. Es war jedoch zu spät. Die Taxe hatte ... die Zonengrenze erreicht."[188]

Auf brandenburgischem Gebiet erwartete Paul Marustzök die Entführer. Er zahlte jedem 1.000 DM (West) „Fangprämie" aus. Einige Tage später ging es in die „Sommerfrische" nach Heringsdorf auf Usedom. Marustzök quartierte sich mit den vier Tatgenossen in einem Erholungsheim des MfS ein. So konnten die Entführer in Berlin kein Aufsehen erregen. Dafür hatte die brutale Tat bereits gesorgt. Am 10. Juli 1952 versammelten sich 25.000 Menschen vor dem Rathaus Schöneberg. Der Regierende Bürgermeister von Berlin, Ernst Reuter (SPD), rief angesichts der Entführung Linses: „Wir bitten flehentlich die Welt um Hilfe für diesen Mann."[189] Ein Redner forderte, dass Berliner das Recht haben sollten, sich mit Schusswaffen gegen Kommandos aus dem Osten zu verteidigen. Die Westalliierten protestierten bei der Sowjetunion. Der Bundestag trat zu einer Sondersitzung zusammen. Europarat und UNO befassten sich mit dem Fall.[190] Die DDR-Presse höhnte über den „verlorengegangenen Agenten". Bis zu seinem Ende leugnete der SED-Staat, etwas mit dem Fall zu tun zu haben. Nachdem Erich Mielke den „Haftbeschluss" unterzeichnet hatte, wurde Linse im Stasi-Knast in Hohenschönhausen Tag für Tag bis zu 18 Stunden lang vernommen. Dabei waren stets sowjetische Offiziere zugegen. Linse war jedoch nicht „geständnisfreudig", so dass er für den Schauprozess nicht infrage kam. Er vertraute sich zwar seinem Zellenkameraden an, der ein Stasi-Spitzel war, aber auch der Wert dieser Angaben war begrenzt.

[187] Ebd., Bl. 217f.
[188] Ebd., Bl. 217.
[189] Zitiert nach: Der Tagesspiegel vom 17.11.1996, S. 3.
[190] Siehe Der Spiegel Nr. 47/96, S. 72ff.

Der MGB stellte die Entführung intern aber als großen Erfolg dar.[191] Die Verhöre bei der Staatssicherheit im Untersuchungsgefängnis Hohenschönhausen endeten am 2. Dezember 1952. Dann wurde Linse „den Organen der sowjetischen Kontrollkommission“ übergeben.[192] Die Verhöre wiederholten sich beim MGB in Karlshorst. Weder bei der Stasi noch beim MGB spielte Linses Tätigkeit als „Entjudungsbeauftragter“ der IHK Chemnitz eine Rolle. Den nach ihrer eigenen Einschätzung allwissenden Tschekisten entging völlig, dass sie einen NS-Täter vor sich hatten. In Karlshorst trat dann am 23. September 1953 das „Militärgericht des 48240. Truppenteils in der Stadt Berlin“ zusammen. Im dreiseitigen Urteil wurde behauptet, dass Linse ein „Spionagenetz von ungefähr 70 Mann“ unterhielt und „Spionageberichte über volkseigene und private Industriebetriebe sowie Handelsorganisationen der DDR anfertigte“. Sie seien „an die U.S.-Aufklärung und an Einrichtungen der Bonner Regierung weitergeleitet“ und „als Propagandamaterial“ verwendet worden. Linse habe auch Vorträge gehalten und den Juristen-Kongress mitvorbereitet.“[193] Aufgrund dieser „Verbrechen“ wurde er zur „Höchststrafe – Tod durch Erschießen“ verurteilt.

Die Eigenschaft Linses als NS-Täter fand auch im Urteil keine Erwähnung. Am 24. September 1953 durfte er noch Kassationsbeschwerde dagegen erheben. Dann folgte der Abtransport. Das letzte Lebenszeichen stellen Polizeifotos aus der „Lubjanka“, dem Sitz des sowjetischen Geheimdienstes in Moskau, dar, die einen völlig heruntergekommenen Mann mit starrem Blick zeigen.[194] Am 15. Dezember 1953 wurde das Urteil durch

[191] Bailey/Kondraschow/Murphy, Die unsichtbare Front (wie Anm. 202), S. 162f. MGB = Ministerstvo Gosudarstvennoi Bezopasnosti. Vorgängerorganisation des Ministeriums für Innere Angelegenheiten (MWD) in der früheren Sowjetunion.

[192] Übersetzung eines Vermerks von MfS-Oberst Scholz auf Russisch vom 15.12.1952 aus der Akte über Walter Linse im Moskauer KGB-Archiv, die Bengt von zur Mühlen 1996 beibrachte, in: Staatsanwaltschaft II, Az. 2/29 Js 431/91, Bd. III, Bl. 623.

[193] Deutsche Übersetzung des Urteils aus dem KGB-Archiv von zur Mühlen ebd., Bl. 624-626. Der Wortlaut findet sich auch bei Mampel, Entführungsfall Dr. Walter Linse, S. 78-80.

[194] Vgl. die Reproduktionen in: Jörg Rudolph, Frank Drauschke, Alexander Sachse, Hingerichtet in Moskau. Opfer des Stalinismus aus Berlin 1950-

Genickschuss vollstreckt. Es war die letzte Hinrichtung eines Deutschen in der Sowjetunion aufgrund von Entscheidungen Sowjetischer Militärtribunale in der DDR.[195] Auch die Sowjetunion leugnete bis zu ihrem Ende, etwas mit dem Fall Linse zu tun zu haben. Zwar teilte das Sowjetische Rote Kreuz 1960 mit, Linse sei am 15. Dezember 1953 in der UdSSR verstorben. Die Mitteilung wurde jedoch kurz darauf als „Irrtum" widerrufen.[196]

Das MfS suchte bis in die achtziger Jahre mit großem Aufwand dafür zu sorgen, dass nichts über die Entführung bekannt wurde. Dabei hatte sich der Kreis der Mitwisser durch Redereien der Täter noch erweitert. Auch gelang die Abschottung nicht perfekt, was der Fall Knobloch zeigte.[197] Noch am Abend der Tat hatte er seiner Verlobten eine goldene Uhr und deren Bruder eine Hose geschenkt. Er prahlte mit seiner dicken Brieftasche und der ihm überlassenen Pistole. Auf Nachfrage berichtete er sogar über die Tat. Deshalb musste Knobloch nach Leipzig übersiedeln. Er erhielt eine Legende als „Kurt Müller". Doch im März 1953 fuhr er nach West-Berlin, was ihm streng verboten war. Er hatte nämlich – bevor ihn die Stasi anheuerte – den „Tip" für einen Einbruch erhalten und wollte das „Ding" nun „drehen". Zuvor besuchte er noch den Bruder seiner Verlobten, der die West-Berliner Polizei verständigte. So wurde er am Tatort erwartet.[198]

Knobloch war gegenüber der West-Berliner Kripo geständig. Am 4. Juni 1954 machte ihm das Landgericht den Prozess, bei dem der Tathergang in mustergültiger Weise aufgeklärt werden konnte. Das Gericht erkannte auf

---

1953, Berlin 2007 (Schriftenreihe des Berliner Landesbeauftragten für die Unterlagen des Staatssicherheitsdienstes der ehemaligen DDR, Bd. 23).

195 Siehe ebd.

196 Bailey/Kondraschow/Murphy, Die unsichtbare Front, S. 166.

197 Kurt Knobloch wurde 1930 in Berlin geboren und begann eine Lehre als Zimmermann, die er wegen einer Inhaftierung 1947 nicht abschloss. 1949 wurde er zu 3 Monaten und 1950 zu 2 Jahren 6 Monaten Gefängnis verurteilt. Mitte Juni 1950 brachten ihn Freunde mit Marustzök zusammen, der ihn für Entführungen anwarb. Angaben nach dem Urteil des Landgerichts Berlin vom 4.6.1954, Kopie in: Staatsanwaltschaft II, Az. 2/29 Js 431/91, Ermittlungsakten Bd. IIa, Bl. 213-228.

198 Schlussbericht der West-Berliner Kripo vom 7.4.1953, Kopie in: Staatsanwaltschaft II, Az. 2/29 Js 431/91, Ermittlungsakten Bd. IIa, Bl. 23-30.

zehn Jahre Zuchthaus gegen Knobloch.[199] Nach der Entlassung tauchte er in Ost-Berlin wieder ins kriminelle Milieu ein. Am 15. Dezember 1964 wurde er dort wegen fortgesetzten gemeinschaftlichen Diebstahls zu zwei Jahren und sechs Monaten Gefängnis verurteilt.[200] Er starb 1992. Für Paul Marustzök hatte schon die Festnahme Knoblochs das Ende als Entführungsspezialist bedeutet. Er wurde nach Leipzig versetzt. Zu seinem Nachfolger bei der Betreuung der Entführer avancierte Otto Knye.[201] Mit Bennewitz, um den sich auch Bruno Beater kümmerte, gab es ebenfalls beträchtliche Probleme. So spielte er sich im Dezember 1952 zunächst als Stasi-Mitarbeiter im „HO Hotel Dimitroff" auf und wollte dann im Januar 1953 die Zusammenarbeit beenden. Auch Bennewitz musste nach Leipzig und später Weimar übersiedeln. In einer Charakteristik schrieb Knye im Mai 1953 über ihn: „Bennewitz ist der Typ eines Bandenführers ... Er spielt gern den Chef, will herrschen, ist egoistisch und glaubt, dass seine Meinung immer die richtige sei ... Er ist impulsiv (und) wird leicht gewalttätig. ... In politischer Hinsicht fühlt er sich der Arbeiterklasse zugehörig, liest und studiert auch viel, versteht es aber nicht ..."[202]

Knye entwickelte den Plan, Bennewitz als „operativen Mitarbeiter" in Polen einzusetzen. Im September 1953 wurde er vom polnischen „Bruderorgan" übernommen. Als angeblich abgemusterter portugiesischer Matrose kam er in Gdansk und Gdynia gegen illegale Devisenhändler zum Einsatz

199 Urteil vom 4.6.1954, ebd.

200 Strafregisterauszug 10.3.1965, Kopie in: Staatsanwaltschaft II, Az. 2/29 Js 431/91, Beiakte 29.

201 Otto Knye wurde 1920 in Sonneberg geboren. Er lernte Fleischer, arbeitete bis 1939 im Beruf, wurde dann eingezogen und geriet 1945 in sowjetische Gefangenschaft. Dort nahm er an Schulungen teil und wurde 1949 zum Dienst in der Volkspolizei entlassen. 1953 wechselte Knye zum MfS, wo er Stellvertreter Beaters in der HA V wurde. Von 1956 bis 1966 war er in der HVA tätig, um dann als Oberst in den „Operativstab" Beaters zu wechseln, wo er bis zur Invalidisierung 1982 blieb. Beide Kinder wurden hauptamtliche Mitarbeiter des MfS. Siehe MfS-Personalkarte über Knye, Kopie in: Staatsanwaltschaft II, Az. 2/29 Js 431/91, Beiakte 28.

202 Charakteristik über Bennewitz, Harry vom 11.5.1953, Kopie in: Staatsanwaltschaft II, Az. 2/29 Js 431/91, Beiakte 9, Bl. 55-59.

und trug bis Mai 1954 zur Verhaftung von rund 20 Personen bei.[203] Bennewitz freundete sich mit einer polnischen Lehrerin an, die er 1955 heiratete und mit der er ein Kind hatte. Als der Einsatz an der Küste abgeschlossen war, zog er Ende 1954 nach Gliwice. Dort wollte sich Bennewitz – wieder mit einem Opel-Kapitän – als Taxifahrer betätigen. 1955 und 1956 traf er Otto Knye, der die Verbindung zu den Angehörigen von Bennewitz aufrechterhielt und Ersatzteile lieferte, in Frankfurt (Oder). Auch ließ das MfS ihm ab 1955 2.500 Zloty monatlich und Uhren für den „schwarzen Markt" zukommen.[204] Am 27. November 1956 kehrte Bennewitz mit Frau und Kind in die DDR zurück. Otto Knye verschaffte ihm Arbeit und Wohnung in Rostock. Dort kam er am 5. November 1958 bei einem Arbeitsunfall im Hafen ums Leben.[205] In der Zwischenzeit hatte Knye auch Bennewitz' frühere Freundin mit deren Kind, seinen Bruder und seine Eltern betreuen müssen, die um seine Beteiligung an der Entführung wussten. Mit großem Aufwand wurden neue Legenden entwickelt und Wohnungen beschafft. Darüber hinaus leistete das MfS monatliche Zahlungen in Höhe von 400 bis 1.000 DM (Ost) als „Schweigegeld". Auch der Betreuungsaufwand für die übrigen Mitwisser war bis in die achtziger Jahre enorm.

Die Entführung von Walter Linse wurde für das MfS, die DDR und die UdSSR zu einem Fiasko. So erwies es sich als Irrtum, mithilfe seiner Aussagen den UfJ lahmlegen oder auch nur bloßstellen zu können. Paul Marustzök, der wie ein Mitglied der Berliner Unterwelt agierte, war mit seiner Aufgabe hoffnungslos überfordert. Die Anwerbung Krimineller erwies sich als kardinaler Fehler. Die Tatausführung war so brutal, dass sie weltweit für Empörung sorgte. Einer der Täter wurde sogar gefasst, in West-Berlin vor Gericht gestellt und verurteilt. Die übrigen Tatbeteiligten, ihre Angehörigen und Bekannten mussten vom MfS bis in die achtziger Jahre aufwendig betreut werden, um sie ruhig zu stellen. Großdemonstrationen in West-Berlin, Sondersitzungen des Bundestages, Proteste des Europarates und der UNO lädierten das Ansehen der DDR. Der außenpolitische

203 Mitteilung eines polnischen Majors an Otto Knye vom 28.5.1954, ebd., Bl. 78.

204 Siehe die Vorgänge ebd., Bl. 103-144.

205 Schreiben des MfS an das polnische Innenministerium vom 1.4.1957, Kopie in: Staatsanwaltschaft II, Az. 2/29 Js 431/91, Ermittlungsakten Bd. 111, Bl. 236.

Schaden war enorm. Auch das Ansehen der UdSSR wurde in Mitleidenschaft gezogen. Ein politisch verantwortlicher Geheimdienstchef hätte wegen des Desasters gehen müssen – nicht jedoch Erich Mielke, der die ruchlose Tat noch als Staatssekretär angeordnet hatte. Mielke wurde unter der SED-Diktatur vielmehr 1956 sogar zum Minister befördert.

Die Entführung Walter Linses geriet in West-Berlin nicht in Vergessenheit. Die Gerichtsstraße in Lichterfelde, wo 1952 die Entführung erfolgt war, trägt seit 1961 seinen Namen. Immer wieder berichteten die Medien über Linses Schicksal. Er war zweifellos der Prominenteste unter mehreren Hundert Menschen, die von der Stasi aus West-Berlin entführt wurden. Erst in der Zeit der „Entspannung" zwischen Ost und West ging auch das Interesse am Fall Linse zurück. Aus dem öffentlichen Bewusstsein verschwand er aber – jedenfalls in West-Berlin – nie. Nach der Herstellung der deutschen Einheit nahm das mediale Interesse am Fall Linse wieder zu. Wegen der Entführung wurde 1991 ein Ermittlungsverfahren eingeleitet, das sich auch gegen Erich Mielke richtete. Anhand der Stasi-Akten gelang bis 1994 die Aufklärung der Entführung. 1996 konnte dann der Berliner Dokumentarfilmer Bengt von zur Mühlen die Unterlagen über Walter Linse aus dem KGB-Archiv in Moskau beschaffen. Damit wurde auch sein weiteres Schicksal geklärt. Am 8. Mai 1996 rehabilitierte die Militärstaatsanwaltschaft in Moskau Dr. Walter Linse.[206] Die Entführer Harry Bennewitz, Kurt Borchert, Kurt Knobloch und Herbert Krüger und deren Auftraggeber Paul Marustzök und Bruno Beater waren bis 1995 verstorben. Gegen Erich Mielke wurden die Ermittlungen nach § 154 StPO aufgrund seiner Verurteilung im sogenannten Bülowstraßen-Prozess eingestellt.[207]

[206] Ein Faksimile der Rehabilitationsbescheinigung und eine Übersetzung sind wiedergegeben bei Mampel, Entführungsfall, S. 86f.

[207] Siehe Bästlein, Der Fall Mielke.

10. Resümee: Walter Linse – Vom NS-Täter zum Opfer des Stalinismus

Walter Linse wurde vor allem durch seine Herkunft aus „kleinen Verhältnissen" geprägt. Es war nämlich nicht selbstverständlich, dass er als Sohn eines Postbeamten im mittleren Dienst die höhere Schule besuchen, Abitur machen und studieren konnte. Das galt umso mehr, als es keine staatliche Unterstützung für die Ausbildung gab. Bis zu seiner Beschäftigung als Hilfsrichter auf einer Planstelle mussten die Eltern für ihn aufkommen – d.h. bis zu seinem 30. Lebensjahr. Vor allem diese materielle Abhängigkeit dürfte Linse geprägt haben. Sie führte zu großer Anpassungsbereitschaft.

Dabei zählte Linse zur im ersten Jahrfünft nach 1900 geborenen „Generation des Unbedingten", die am Ersten Weltkrieg nicht mehr teilnahm, ihn aber an der „Heimatfront" erlebte und sich mit der deutschen Niederlage nicht abfinden wollte. Für diese Generation blieb der Krieg immer präsent. Ihr Schlachtruf „Los von Versailles!" mutierte bald zum Kampf gegen die demokratische Republik. Freiheit, Gleichheit und Solidarität wurden abgelehnt. Stattdessen sollte der „Kampf ums Dasein" geführt werden, „Höherwertiges" über „Minderwertiges" siegen, und eine biologistische Auffassung vom Wert des Menschen herrschen. Antisemitismus, Chauvinismus und antiliberales Denken hatten an den Universitäten schon vor 1933 die Oberhand gewonnen. Linse blieb davon nicht unberührt.

1933 verpasste er aber den Anschluss. Im Gegensatz zur Mehrheit der deutschen Richter und Staatsanwälte, die nach der „Machtergreifung" zu Hitler überliefen und der NSDAP beitraten, hielt er sich zurück. Linse hatte zu dieser Zeit noch keine Planstelle, sondern war Proberichter. Seine juristischen Fähigkeiten waren gut, aber nicht überragend. Und in Sachsen gab es einen Juristenüberhang. Ende 1933 schied Linse aus dem Justizdienst aus, weil er der Partei nicht angehörte und seine Leistungen „den guten Durchschnitt nicht wesentlich übertrafen", wie es in der Sprache justizieller Beurteilungen heißt. Damit begann eine Zeit der Unsicherheit. Bürgermeister konnte Linse nicht werden, weil er der Partei nicht angehörte. Der Anwaltsberuf, in dem er sich versuchte, lag ihm offenbar nicht. So widmete er sich einer Dissertation, mit der er 1938 in Leipzig promovierte.

Noch im selben Jahr fand Dr. jur. Walter Linse eine Anstellung bei der 0Industrie- und Handelskammer Chemnitz. Dabei waren die Kammern längst Organe staatlicher Auftragsverwaltung. Nur intern wirkte noch etwas vom alten Geist der Selbstverwaltung der Wirtschaft nach. Als Referent scheint sich Walter Linse bei der IHK Chemnitz aber sehr wohlgefühlt zu haben. Hier lernte er sogar jene Frau kennen, die er 1942 im Alter von 40 Jahren heiratete. Sie war die Tochter des „Rechtsrates", also des juristischen Vertreters, der Stadt Chemnitz. Damit schloss Walter Linse seinen sozialen Aufstieg ab. Der promovierte Jurist und tüchtige Referent der Industrie- und Handelskammer zählte nun selbst zum etablierten Bürgertum seiner Heimatstadt.

Die Aufgabe, die Linse übernahm, hatte allerdings kaum etwas mit dem üblichen Renommee der „Kammern" gemein. Denn er wurde der Referent für die „Entjudung" der rund 300 bis 400 im Bezirk der IHK noch bestehenden jüdischen Betriebe. Ziel war das vollkommene Ausscheiden der Juden aus dem Wirtschaftsleben. Dabei handelte es sich in Chemnitz, dem sächsischen „Manchester", und seiner Umgebung vor allem um Unternehmen zur Herstellung und zum Vertrieb von Textilien, und zwar insbesondere von Strümpfen sowie Sport- und Unterbekleidung. Der Anteil jüdischer Unternehmen lag hier bis zum Beginn der NS-Herrschaft bei gut 30 Prozent.

Chemnitz war auch für seinen ausgeprägten Antisemitismus bekannt. 1918 setzte eine massive Hetze gegen die Juden ein. Schon lange vor 1933 misshandelten SA-Schläger Juden auf offener Straße, wobei es zu den heute wieder aus Sachsen bekannten Hetzjagden kam. Die sozialdemokratische Presse beklagte schon 1927 „Pogrome in Chemnitz". Nach 1933 spitzte sich die Situation zu. Die Brutalität des lokalen Mobs erschreckte sogar die Polizei. Linse entging das alles nicht. Bei der Diskriminierung der Juden war Chemnitz dem übrigen Deutschland immer einen Schritt voraus: So kam es sogar zur Einrichtung von jüdischen Sonderklassen an den Schulen. Mit der Deportation von 389 Juden nach Polen im August 1938 und 189 Juden ins KZ Buchenwald im November 1938 wurde der jüdischen Gemeinde das Rückgrat gebrochen. Linse erhielt sogar die Deportationslisten, um die wirtschaftliche „Entjudung" vorantreiben zu können.

Linses Referat bei der IHK wurde zur Schaltstelle bei der Vernichtung jüdischer Existenzen. Über den Kammern stand noch die „höhere Verwaltungsbehörde", die die abschließenden Entscheidungen fällte. Das war in Chemnitz bis Ende 1938 der Kreishauptmann und ab 1939 der Regierungspräsident. Doch Kreishauptmann und Regierungspräsident folgten den Gutachten und Stellungnahmen Linses. So war er auch dabei, als im Dezember 1938 entschieden wurde, welche Betriebe zu „arisieren" und welche zu liquidieren waren. Alle volkswirtschaftlich oder für die Versorgung der Bevölkerung nötigen Betriebe sollten erhalten bleiben.

Die übrigen waren abzuwickeln. Linse bahnte die „Verkäufe" jüdischer Betriebe im Bezirk Chemnitz an. Dann fertigte er Gutachten, in denen er zum jeweiligen Betrieb und dem Übernehmer sowie dessen fachlicher, persönlicher und politischer Zuverlässigkeit Stellung nahm. Bei Liquidationen ließ er Abwickler einsetzen und trieb sie zu einer raschen Durchführung an. Stets arbeitete Linse eng mit dem NSDAP-Kreiswirtschaftsberater Weinhold zusammen. „Alte Kämpfer" wurden wie im Fall Erichsen begünstigt.[208] Hier erfolgte eine noch weitere Reduzierung der niedrigen Kaufpreise. In den Gutachten erklärte Linse offen, dass dies in Anerkennung des Einsatzes für die nationalsozialistische Bewegung erfolgte.

Den Wert von Maschinen, Anlagen, Inventar, Warenlagern und Immobilien ließ Linse regelmäßig von Sachverständigen und Gutachtern taxieren. Dabei durfte der „Goodwill", also der Wert eines eingeführten Geschäfts oder einer eingeführten Handelsmarke, nicht berücksichtigt werden. Wertberichtigungen erfolgten fast ausschließlich zu Lasten der jüdischen Verkäufer. Linse schlug häufig eine Reichsausgleichsabgabe vor, mit der beim Käufer der Profit zwischen tatsächlichem und vereinbartem Sachwert des „arisierten" Betriebs zu 70 Prozent abgeschöpft wurde. Er gab auch noch die Zahlung dieser Abgabe oder eines Teils davon den jüdischen Verkäufern auf, obwohl sie von den „arischen" Erwerbern zu tragen war. Anderwärts wurden Reichsausgleichsabgaben daher nur selten erhoben. Auch ihre Zahlung den jüdischen Verkäufern aufzuerlegen, ist – soweit festgestellt werden konnte – ein bei „Arisierung" einmaliger Vorgang. 1941 hatte Linse die „Entjudung" im Chemnitzer Bezirk abgeschlossen – zu

[208] Zum Fall Erichsen siehe Kapitel 6 Nr. 2 in diesem Band.

jenem Zeitpunkt also, als die systematischen Deportationen der Juden begannen.

Walter Linse war dabei kein Krawall-Antisemit. Offener Judenhass hätte seine Arbeit erschwert. Denn damit wären Vorbehalte auf Seiten seiner jüdischen Opfer hervorgerufen worden. Linse pflegte vielmehr das Image des „redlichen Kaufmanns“, der alle Seiten zu ihrem Recht kommen ließ. Seinen jüdischen Opfern präsentierte er sich bisweilen sogar als Helfer in der Not. Die Analyse seiner schriftlichen Hinterlassenschaft zeigte aber, dass Linse tief verwurzelten antijüdischen Ressentiments anhing. So gab es nach seiner Auffassung eine „typisch jüdische Betriebsführung“. Es existierten „rigorose jüdische Beitreibungsmethoden“, wenn es um Geld ging. 1941 wollte er unbedingt das letzte jüdische Unternehmen im Bezirk Chemnitz „im Wege der Entjudung zum Verschwinden bringen“. Es war eine Art vornehm-bourgeoiser Antisemitismus, den Linse kultivierte und zum Ausdruck brachte. In den „besseren Kreisen“ Deutschlands raunte man sich Derartiges damals gern ins Ohr – und tut es bisweilen noch heute.

Bei der „Entjudung“ konnte Linse seine gediegenen juristischen und wirtschaftlichen Kenntnisse, sein großes Organisationsgeschick und seine sprachlichen Fähigkeiten zur Geltung bringen. Er erledigte seine Aufgaben weitgehend selbstständig und arbeitete dabei schnell, engagiert und effektiv. 1940 holte er nach, was er 1933 versäumt hatte, nämlich den Beitritt zur NSDAP. Dabei spielte es sicher auch eine Rolle, dass er damit einem Wunsch des Präsidenten der IHK entsprechen konnte, der auch NSDAP-Kreisleiter war. In der Folgezeit betätigte Linse sich ebenfalls als NS-Propagandaredner. Dabei verkündete er die Mär vom „Volk ohne Raum“, beschrieb den Krieg als „Daseinskampf“ und appellierte an die Anstrengungen aller für den „Endsieg“. Goebbels nutzte bei seinen Reden dieselben Versatzstücke.

Walter Linses Arbeit als „Entjudungsreferent“ galt als so wichtig, dass er deshalb vom Kriegsdienst freigestellt wurde – ein Privileg, das gar nicht hoch genug eingeschätzt werden kann. Daran änderte sich auch in der zweiten Kriegshälfte nichts, als Linse zwar weiter für „Judenangelegenheiten“ zuständig blieb, sich aber immer mehr um die Kriegswirtschaft im Bezirk der IHK Chemnitz zu kümmern hatte. Das galt für die Schließung unrentabler Betriebe, vor allem aber den Arbeitseinsatz von Kriegsgefangenen und Zwangsarbeitern. Faktisch wurde er zu einem Dispatcher von Hitlers Rüstungsminister Albert Speer. Fehlten irgendwo Arbeitskräfte, Räumlichkeiten, Transportkapazitäten oder Rohstoffe, griff Linse ein. Er war im Chemnitzer Bezirk die „Feuerwehr“ der Kriegswirtschaft. Dabei bewies er auch unter extremen Bedingungen die Fähigkeit zu klarer Analyse und kreativen Problemlösungen sowie große Durchsetzungskraft.

Zur Aufrechterhaltung der Versorgung stützte sich die sowjetische Militäradministration sofort auf die Kammer. Dort hatte Walter Linse das Kriegsende überstanden. Im Juli 1945 kam es zu einer denkwürdigen Begegnung Linses mit Dr. Adolf Lipp, der das Ende der NS-Herrschaft im Untergrund gerade überlebt hatte. Dabei erklärte Linse, wie er selbst in einer Notiz festhielt, dass den Juden „im Allgemeinen“ und im Besonderen „bei der Entjudung von Gewerbebetrieben“ Unrecht getan worden war. Eine Restitution lehnte er aber ab. Denn dafür bedürfe es „reichseinheitlich, zumindest landeseinheitlich“ einer Regelung. Außerdem warnte Linse vor den wirtschaftlichen Konsequenzen. Der Arzt Dr. Lipp kapitulierte. Er musste sich den juristischen und ökonomischen Scheinargumenten Linses geschlagen geben. Linse brauchte damit nicht mehr zu befürchten, dass seine eigene Rolle bei der Vernichtung jüdischer Existenzen offen zutage trat.

In der zweiten Hälfte des Jahres 1945 agierte Linse weiter als „Feuerwehr“ der Wirtschaft. Wo Demontagen drohten, eilte er herbei und versuchte, mit den Sowjets einen „Deal“ zu machen. Das gelang in der Anfangszeit, wenn den Sowjets Kompensation in Gestalt von Alkohol geboten werden konnte. Dann begnügten sie sich mit symbolischen „Demontagen“. Das änderte sich 1946 mit der Professionalisierung der sowjetischen Administration. So musste Linse es aufgeben, vor Ort etwas verhindern zu wollen. Das konnte er nun allenfalls noch auf höherer Ebene von Chemnitz aus versuchen. Dabei kam ihm zustatten, dass er zum Geschäftsführer und damit zum höchsten Repräsentanten der IHK Chemnitz aufgestiegen war. Denn der bisherige Präsident war als SA-Führer und NSDAP-Kreisleiter nicht mehr tragbar. Auch der bisherige Geschäftsführer schied aus. Zu seinem Nachfolger avancierte Walter Linse – und da es keinen Nachfolger des Präsidenten gab, wurde er damit der höchste Repräsentant der IHK.

Auch bei der „Entnazifizierung“ hatte Linse Glück. Eine systematische Überprüfung fand nicht statt. Zwar konnte Linse seine Mitgliedschaft in der NSDAP nicht völlig verschweigen, behauptete aber, nie ein Parteibuch erhalten und sich als Gegner des Nationalsozialismus gefühlt zu haben. Eine angebliche Widerstandsorganisation namens „Ciphero“ kam ihm noch zusätzlich zupass. Linse galt dadurch als entlastet. Ausgerechnet ihm wurde die „Entnazifizierung“ der steuer- und wirtschaftsberatenden Berufe übertragen. Er führte in 61 Verfahren den Vorsitz, empfahl aber – von drei Ausnahmen abgesehen – stets die Entlastung der Betroffenen. Ein großer Teil von ihnen hatte an den „Arisierungen“ und Liquidationen mitgewirkt. Gegen sie konnte Linse nicht vorgehen, ohne sich selbst anzuklagen. Also war er von vornherein befangen. Aber das scherte weder ihn noch andere.

1948/49 soll Linse der letzte Repräsentant einer IHK in der SBZ gewesen sein, der nicht der SED angehörte. Ihm wurde klar, dass er in seiner Heimat keine Karriere mehr machen konnte. Im Juni 1949 setzten Linse und seine Frau sich nach West-Berlin ab. Hier fand er Arbeit als Syndikus eines neuen Unternehmens. Den Linses ging es gut, auch wenn ihnen die Trennung von der sächsischen Heimat zusetzte. Durch Zufall fiel Linse Ende 1950 dem „Untersuchungsausschuss freiheitlicher Juristen“ (UfJ) auf. Der bot – finanziert vom CIA – in West-Berlin Rechtsberatung für DDR-Bürger an, dokumentierte die Rechtsentwicklung in der „Zone“ und betrieb antikommunistische Propaganda. Ab Januar 1951 baute Linse seine Wirtschaftsabteilung auf. Noch einmal konnte er mit seinem Organisationsgeschick, seinen juristischen und ökonomischen Kenntnissen und seiner Sprachfertigkeit in Zeitungsartikeln, bei Rundfunksendungen und Vorträgen glänzen. Nun trat er dabei als Anhänger westlicher Werte hervor.

Der UfJ galt dem im Aufbau befindlichen Ministerium für Staatssicherheit (MfS) als „Agentenzentrale“ und primäres „Feindobjekt“. Zu seiner Bekämpfung wurde ein eigenes Referat gebildet. Zahlreiche Spitzel konnten eingeschleust werden. Gegen Besucher des UfJ inszenierte Hilde Benjamin Schauprozesse. Aber das alles reichte nicht. Erich Mielke und sein späterer Stellvertreter Bruno Beater wollten Linse persönlich haben. Eine Entführung war aber nur mit Zustimmung der sowjetischen „Freunde“ möglich. Und „die Freunde“ stimmten zu. Das MfS heuerte Gewaltverbrecher an, um die Entführung Linses zu bewerkstelligen. Es geschah am 8. Juli 1952 auf offener Straße. Linse wurde vor seinem Wohnhaus niedergeschlagen und in einen PKW gezerrt, aus dem seine Beine noch heraushingen. Als er die Beine nicht einzog, schoss ihm einer der Entführer in die Waden. Mit quietschenden Reifen ging es dann über die Grenze nach Brandenburg.

Die ruchlose Tat blieb nicht unbemerkt. In West-Berlin versammelten sich 25.000 Demonstranten vor dem Rathaus Schöneberg. In Bonn trat der Bundestag zu einer Sondersitzung zusammen. Der Europarat und die UNO protestierten. Einer der Entführer konnte 1953 in West-Berlin verhaftet werden, und das Landgericht verurteilte ihn 1954 zu zehn Jahren Zuchthaus. Doch die DDR und die Sowjetunion leugneten, etwas mit dem Verschwinden Linses zu tun zu haben. Die Entführung war in einem Desaster geendet. Jeder Chef eines demokratisch kontrollierten Geheimdienstes hätte seinen Hut nehmen müssen. Doch unter der SED-Diktatur galten andere Maßstäbe. Erich Mielke, der das Desaster angerichtete hatte und den „Haftbeschluss" unterzeichnete, stieg 1955 sogar zum Minister auf.

Linse wurde im Gefängnis der Staatssicherheit in Hohenschönhausen zunächst Tag und Nacht vernommen. Er war aber nicht „geständnisfreudig", so dass er für einen Schauprozess nicht taugte. Er vertraute sich zwar einem Zellenkameraden an, der ein Spitzel war, aber auch diese Angaben brachten der Stasi keine neuen Erkenntnisse. Ende 1952 wurde Linse den Sowjets übergeben, bei denen sich die Verhöre – nun in Karlshorst – wiederholten. Weder in Hohenschönhausen, noch in Karlshorst kam Linses Rolle als „Entjudungsreferent" der IHK Chemnitz auch nur zur Sprache. Die nach ihrer eigenen Propaganda allwissenden antifaschistischen „Saubermänner" von Stasi und MGB realisierten nicht, dass sie einen NS-Täter vor sich hatten.

Am 23. September 1953 trat in Karlshorst schließlich ein sowjetisches Militärtribunal zusammen, das Linse wegen Spionage und antisowjetischer Propaganda zur „Höchststrafe – Tod durch Erschießen" verurteilte. Auch im Urteil wurde seine Rolle als NS-Täter mit keinem Wort erwähnt. Zur Hinrichtung wurde Linse eigens nach Moskau gebracht, wo am 15. Dezember 1953 seine Ermordung durch Genickschuss erfolgte. Er war der Letzte von mehr als Tausend Deutschen, die zur Exekution auf Geheiß sowjetischer Militärtribunale eigens nach Moskau gebracht wurden.[209] 1996 rehabilitierte ihn die russische Militärstaatsanwaltschaft.

*

Angesichts der nationalsozialistischen Rechtsverwüstung verfasste der Rechtsphilosoph und frühere Reichsjustizminister Gustav Radruch (SPD) 1946 einen Aufsatz „Gesetzliches Unrecht und übergesetzliches Recht".[210] Darin entwickelte er eine Definition gesetzlichen Unrechts, die als „Radbruchsche Formel" bis heute Gültigkeit für sich beanspruchen darf. Sie lautet: „Wo Gerechtigkeit nicht einmal erstrebt wird, wo die Gleichheit, die den Kern der Gerechtigkeit ausmacht, bei der Setzung positiven Rechts (also dem Erlass von Rechtsnormen, Anm. d. Verf.) bewusst verleugnet wurde, da ist das Gesetz nicht etwa nur ‚unrichtiges' Recht, vielmehr entbehrt es überhaupt der Rechtsnatur." Radbruch weiter: „An diesem Maßstab gemessen sind ganze Partien nationalsozialistischen Rechts niemals zur Würde geltenden Rechts gelangt." Und: „Der Rechtscharakter fehlt weiter allen jenen Gesetzen, die Menschen als Untermenschen behandelten und ihnen die Menschenrechte versagten."[211]

Wenn es in der Rechtsgeschichte etwas gibt, auf das die Radbruchsche Definition vom „gesetzlichen Unrecht" zutrifft, dann war es die nationalsozialistische Gesetzgebung gegen die Juden – beginnend mit dem „Berufsbeamtengesetz" von 1933 über das „Reichsbürgergesetz" von 1935 und die antijüdischen Verordnungen des Jahres 1938 bis hin zu den hunderten antijüdischer Gesetze, Verordnungen und Erlasse, die bis 1945 ergingen. Denn sie missachteten die Gleichheit der Menschen vor dem Gesetz, ohne die keine Rechtsordnung existieren kann. Schon 1938 erklärte der Jurist und spätere Nestor der deutschen Politikwissenschaft, Ernst Fraenkel, in seinem „Doppelstaat": „Die völlige Unterwerfung der Juden unter die Herrschaft des Maßnahmestaats wurde in dem Augenblick voll-

209 Vgl. Jörg Rudolph, Frank Drauschke, Alexander Sachse, Hingerichtet in Moskau. Opfer des Stalinismus aus Berlin 1950-1953, Berlin 2007 (Heft 25 der Schriftenreihe des Berliner Landesbeauftragten für die Unterlagen des Staatssicherheitsdienstes der ehemaligen DDR).

210 Süddeutsche Juristen-Zeitschrift 1946, S. 105-108.

211 Zitiert nach ebd.

zogen, in dem die Ausmerzung der Juden aus dem Wirtschaftsleben beschlossen wurde."[212]

Gustav Radbruchs Definition gesetzlichen Unrechts hat bis heute nichts an Aktualität verloren. So ist es kein Zufall, dass sie bei der Verfolgung des DDR-Unrechts wieder eine wichtige Rolle spielte.[213] Auch wer – wie der Verfasser – Radbruchs Wende vom Positivisten zum Anhänger des Naturrechts nicht nachvollziehen kann, wird sich seiner Argumentation insoweit nicht verschließen wollen. Jedenfalls die sogenannte Radbruchsche Formel, die in Wahrheit ja eine Definition ist, lässt sich auch positivistisch operationalisieren. Zweifellos gilt nämlich, dass dort, wo Gerechtigkeit nicht einmal erstrebt und die Rechtsgleichheit als Kern jeder Gerechtigkeit bewusst geleugnet wird – wie im Nationalsozialismus gegenüber den Juden –, das Unrecht beginnt. Wer nämlich den Gleichheitssatz leugnet, wer einen Menschen seines Status als Rechtssubjekt beraubt, der gerät auf eine schiefe Bahn, bei der es am Ende kein Halten mehr gibt. Das gilt übrigens nicht nur für den NS-Staat, sondern auch für das SED-Regime mit seinen Enteignungen und Zwangskollektivierungen, deren Durchführung durchaus an die Tätigkeit Linses zur Vernichtung jüdischer Existenzen erinnert.

Walter Linse war Jurist genug, um zu erkennen, dass das, was er als „Entjudungsreferent" der IHK Chemnitz tat, Unrecht war. In seinem Vermerk im Juli 1945 räumte er auch offen ein, dass den Juden „im Allgemeinen" und im Besonderen „bei der Entjudung von Gewerbebetrieben" Unrecht getan worden war. Linse gab mithin zu, dass er auch vorsätzlich handelte. Dabei entsprach es der üblichen Praxis, dass er engstens mit dem Kreiswirtschaftsberater der NSDAP kooperierte, „alte Kämpfer" der NSDAP begünstigte, seine Opfer massiv unter Druck setzte und sie im Zweifel bei der Gestapo denunzierte. Doch potenzierte Linse das gesetzliche Unrecht, indem er seinen Opfern jene Reichsausgleichsabgabe auferlegte, die die „Erwerber" zu tragen hatten. Damit ging er – soweit festgestellt werden konnte – weiter als alle anderen „Entjudungsreferenten" im Reich. Linse

212 Fraenkel, Der Doppelstaat, S. 120.

213 Lore Maria Peschel-Gutzeit / Anke Jenckel, Aktuelle Bezüge des Nürnberger Juristenurteils: Auf welchen Grundlagen kann die deutsche Justiz das Systemunrecht der DDR aufarbeiten?, in: Peschel-Gutzeit, Das Nürnberger Juristen-Urteil, S. 277-299.

war mithin nicht nur objektiv, sondern auch subjektiv Täter. In einem funktionierenden Rechtsstaat hätte die Staatsanwaltschaft Anklage wegen der einschlägigen Eigentums- und Vermögensdelikte, Amtsverbrechen und Beihilfe zum Mord bzw. Völkermord gegen ihn erheben müssen. Denn die wirtschaftliche Enteignung der Juden war ein entscheidender Schritt auf dem Weg zur „Endlösung“, also der physischen Vernichtung der Juden.

Wie viele deutsche Juristen seiner Generation wurde Walter Linse zum NS-Täter. Für ihn spielte dabei der Wille zum sozialen Aufstieg eine zentrale Rolle. Er machte Walter Linse anpassungsbereit. Das galt auch für die vorherrschenden antidemokratischen, völkischen und antisemitischen Auffassungen. Linse stimmte damit überein. Sonst hätte er nämlich nicht jahrelang die „Entjudung“ einer wichtigen Industriestadt und ihres Umlandes betreiben können. Dass seine Tätigkeit die Exekution gesetzlichen Unrechts bedeutete, scherte ihn nicht. Linse musste nicht an die Front, was ein großes Privileg war. Nach dem Ende der NS-Herrschaft stand er bereit, auch der Besatzungsmacht loyal zu dienen. Erst als 1948/49 absehbar wurde, dass seine Arbeit bei der IHK keine große Bedeutung mehr haben würde, verließ er seine Heimat. In West-Berlin stellte Linse sich vorbehaltlos in den Dienst der freiheitlich-demokratischen Grundordnung. Politische Überzeugungen hatten für ihn keine große Bedeutung. Linse ging es stets um die eigene Karriere – im Nationalsozialismus, unter den Sowjets und schließlich unter der Herrschaft der Westalliierten und des Grundgesetzes.

Bei dieser persönlichen Disposition wurde Linse im Zuge der „Entjudung“ zum NS-Täter. Das ändert nichts am Unrecht seiner Entführung durch die Staatssicherheit und seiner Ermordung auf Geheiß eines sowjetischen Militärtribunals. Denn ein Unrecht rechtfertigt nicht neues Unrecht. Walter Linse entwickelte sich ohne sein Zutun durch die Entführung, Inhaftierung und Ermordung zum Opfer der Staatssicherheit und ihrer sowjetischen „Freunde“. Er wurde damit vom NS-Täter zum Opfer des Stalinismus.

Literaturverzeichnis

Uwe-Dietrich Adam, Judenpolitik im Dritten Reich, Düsseldorf 1972

Klaus Bästlein, Was ist ein Menschenleben wert? Zur Praxis der Entschädigung jüdischer NS-Opfer aus Berlin-Neukölln nach 1945, in: Dorothea Kolland (Hrsg.), Zehn Brüder waren wir gewesen ... Spuren jüdischen Lebens in Berlin-Neukölln, Berlin 1988, S. 443-466

Klaus Bästlein, Vom hanseatischen Richtertum zum nationalsozialistischen Justizverbrechen. Zur Person und Tätigkeit Curt Rothenbergers, in: Klaus Bästlein/Helge Grabitz/Wolfgang Scheffler (Red.), „Für Führer, Volk und Vaterland ..." Hamburger Justiz im Nationalsozialismus, Hamburg 1992, S. 74-145

Klaus Bästlein, Das Nürnberger Juristenurteil und seine Rezeption in Deutschland, in: Lore Maria Peschel-Gutzeit (Hrsg.), Das Nürnberger Juristen-Urteil von 1947. Historischer Zusammenhang und aktuelle Bezüge, Baden-Baden 1996

Klaus Bästlein, Der Fall Mielke. Die Ermittlungen gegen den Minister für Staatssicherheit der DDR, Baden-Baden 2002

Klaus Bästlein, Völkermord und koloniale Träumerei. Das „Reichskommissariat Ostland" unter schleswig-holsteinischer Verwaltung, in: Alfred Gottwaldt/Norbert Kampe/Peter Klein (Hrsg.), NS-Gewaltherrschaft. Beiträge zur historischen Forschung und juristischen Aufarbeitung, Berlin 2005, S. 217-247

George Bailey/Sergej A. Bailey/David E. Murphy, Die Unsichtbare Front. Der Krieg der Geheimdienste im geteilten Berlin, Berlin 1997

Frank Bajohr, „Arisierung" in Hamburg. Die Verdrängung der jüdischen Unternehmer 1933-1945, Hamburg 1997

Avraham Barkai, Vom Boykott zur „Entjudung". Der wirtschaftliche Existenzkampf der Juden im Dritten Reich, Frankfurt a.M. 1987

Rudi Beckert, Die erste und letzte Instanz. Schau- und Geheimprozesse vor dem Obersten Gericht der DDR, Goldbach 1995

Christof Biggeleben/Beate Schreiber/Kilian J.L. Steiner, „Arisierung“ in Berlin, Berlin 2007

Britta Bopf, „Arisierung“ in Köln, Die wirtschaftliche Existenzvernichtung der Juden 1933-1945, Köln 2004

Adolf Diamant, Chronik der Juden in Chemnitz, heute Karl-Marx-Stadt. Aufstieg und Untergang einer jüdischen Gemeinde in Sachsen, Frankfurt a.M. 1970

Gerald D. Feldman, Die Allianz und die deutsche Versicherungswirtschaft 1933-1945, München 2001

Ernst Fraenkel, Der Doppelstaat. Recht und Justiz im Dritten Reich, Frankfurt a.M. 1974, S. 126f. (amerikanische Originalausgabe 1941)

Karl Wilhelm Fricke/Roger Engelmann, „Konzentrierte Schläge“. Staatssicherheitsaktionen und politische Prozesse in der DDR 1953-1956, Berlin 1998

Karl-Wilhelm Fricke/Peter Steinbach/Johannes Tuchel (Hrsg.), Opposition und Widerstand in der DDR. Politische Lebensbilder, München 2002

Helmut Genschel, Die Verdrängung der Juden aus der Wirtschaft im Dritten Reich, Göttingen 1966

Klaus-Detlev Godau-Schüttke, „Ich habe doch nur dem Recht gedient ...“ Die Renazifizierung der Justiz in Schleswig-Holstein, Baden-Baden 1992

Constantin Goschler/Jürgen Lillteicher (Hrsg.), „Arisierung“ und Restitution. Die Rückerstattung jüdischen Eigentums in Deutschland und Österreich nach 1945 und nach 1989, Göttingen 2002

Alfred Gottwald/Diana Schulle, Die Judendeportationen aus dem Deutschen Reich von 1941 bis 1945. Eine kommentierte Chronologie, Wiesbaden 2005

Thomas Großbölting, SED-Diktatur und Gesellschaft. Bürgertum, Bürgerlichkeit und Entbürgerlichung in Magdeburg und Halle, Halle 2001

Klaus-Dietmar Henke, Die Dresdener Bank im Dritten Reich, München 2006

Lothar Gruchmann, Justiz im Dritten Reich 1933-1940. Anpassung und Unterwerfung in der Ära Gürtner, München 1988

Wolf Gruner, Widerstand in der Rosenstraße. Die Fabrik-Aktion und die Verfolgung der „Mischehen" 1943, Frankfurt a.M. 2005

Steffen Held, Jüdische Rechtsanwälte und Notare in den Jahren 1896 bis 1938, in: Nitsche/Röcher (Hrsg.), Juden in Chemnitz, S. 97-103

Ulrich Herbert, Best. Biographische Studien über Radikalismus, Weltanschauung und Vernunft, 1903-1989, Bonn 1996

Stephan Heym, Nachruf, Frankfurt a.M. 1990

Raul Hilberg, Die Vernichtung der europäischen Juden. Die Gesamtgeschichte des Holocaust, Berlin 1982

Harold James, Die Deutsche Bank und die „Arisierung", München 2001

Olaf Kappelt, Die Entnazifizierung in der SBZ sowie die Rolle und der Einfluß ehemaliger Nationalsozialisten in der DDR als soziologisches Phänomen, Hamburg 1997

Rainer Karlsch/Jochen Laufer (Hrsg.), Sowjetische Demontagen in Deutschland 1944-49, Berlin 2002

Michael H. Kater, Studentenschaft und Rechtsradikalismus in Deutschland 1918-1933, Hamburg 1975

Ian Kershaw, Der Hitler-Mythos. Volksmeinung und Propaganda im Dritten Reich, Stuttgart 1980

Ian Kershaw, Hitler, 2 Bde., Stuttgart 1998

Michael Kirn, Verfassungsumsturz oder Rechtskontinuität? Die Stellung der Jurisprudenz nach 1945 zum Dritten Reich insbesondere die Konflikte um die Kontinuität der Beamtenrechte und Art. 131 Grundgesetz, Berlin 1972

Dorothea Kolland (Hrsg.), Zehn Brüder waren wir gewesen … Spuren jüdischen Lebens in Berlin-Neukölln, Berlin 1988

Simone Ladwig-Winters, Gutachten zu den „Arisierungs"-Vorwürfen gegen Hedwig Bollhagen, Zentrum für Zeithistorische Forschung, Potsdam 2008 (Manuskript)

Bernhard Lorentz, Die Commerzbank und die „Arisierung" im Altreich. Ein Vergleich der Netzwerkstrukturen und Handlungsspielräume von Großbanken in der NS-Zeit, in: Vierteljahrshefte für Zeitgeschichte, Jg. 50/2002, S. 37-268

Siegfried Mampel, Der Untergrundkampf des Ministeriums für Staatssicherheit gegen den Untersuchungsausschuß Freiheitlicher Juristen in West-Berlin, 4. Auflage, Berlin 1999 (Schriftenreihe des Berliner Landesbeauftragten für die Unterlagen des Staatssicherheitsdienstes der ehemaligen DDR, Bd. 1)

Siegfried Mampel, Entführungsfall Dr. Walter Linse – Menschenraub und Justizmord als Mittel des Staatsterrors, 3. Aufl., Berlin 2006 (Schriftenreihe des Berliner Landesbeauftragten für die Unterlagen des Staatssicherheitsdienstes der ehemaligen DDR, Bd. 10).

Klaus Marxen, Das Volk und sein Gerichtshof. Eine Studie zum nationalsozialistischen Volksgerichtshof, Frankfurt a.M. 1994

Demian van Melis, Entnazifizierung in Mecklenburg-Vorpommern. Herrschaft und Verwaltung 1945-48, München 1999

Lutz Niethammer, Die Mitläuferfabrik. Die Entnazifizierung am Beispiel Bayerns, 2. Aufl., Berlin/Bonn 1972

Jürgen Nitsche, Vertreibung und Ermordung der Chemnitzer Juden, in: Ders./Ruth Röcher (Hrsg.), Juden in Chemnitz. Die Geschichte der Gemeinde und ihrer Mitglieder, Dresden 2002, S. 151-159

Benno Kirsch, Walter Linse. 1903 – 1953 – 1996, Dresden 2007

Lore Maria Peschel-Gutzeit (Hrsg.), Das Nürnberger Juristen-Urteil von 1947. Historischer Zusammenhang und aktuelle Bezüge, Baden-Baden 1996

Stephan Pfalzer, Entstehung und Entwicklung der Chemnitzer jüdischen Gemeinde im letzten Drittel des 19. Jahrhunderts, in: Jürgen Nitsche/Ruth Röcher (Hrsg.), Juden in Chemnitz, S. 13-21

Gustav Radbruch, Gesetzliches Unrecht und übergesetzliches Recht, in: Süddeutsche Juristen-Zeitschrift 1946, S. 105-108

Jörg Rudolph/Frank Drauschke/Alexander Sachse, Hingerichtet in Moskau. Opfer des Stalinismus aus Berlin 1950-1953, Berlin 2007 (Schriftenreihe des Berliner Landesbeauftragten für die Unterlagen des Staatssicherheitsdienstes der ehemaligen DDR, Bd. 23)

Hans Robinsohn, Justiz als politische Verfolgung. Die Rechtsprechung in „Rasseschandefällen" beim Landgericht Hamburg 1936-43, Stuttgart 1977

Michael Schäbitz, Die jüdische Gemeinde Chemnitz im Schatten des Antisemitismus, in: Nitsche / Röcher (Hrsg.), Juden in Chemnitz, S. 23-31

Hans Safrian, Beschleunigung der Beraubung und Vertreibung. Zur Bedeutung des „Wiener Modells" für die antijüdische Politik des „Dritten Reiches", in: Constantin Goschler/Jürgen Lillteicher (Hrsg.), „Arisierung" und Restitution. Die Rückerstattung jüdischen Eigentums in Deutschland und Österreich nach 1945 und nach 1989, Göttingen 2002, S. 70-86

Wolfgang Scheffler, Judenverfolgung im Dritten Reich, Berlin 1964

Holger Schlüter, Die Urteilspraxis des nationalsozialistischen Volksgerichtshofs, Berlin 1995

Wolfgang Schuller, Walter Linse, in: Karl-Wilhelm Fricke/Peter Steinbach/Johannes Tuchel (Hrsg.), Opposition und Widerstand in der DDR. Politische Lebensbilder, München 2002, S. 289-294

Wolfram Selig, „Arisierung" in München. Die Vernichtung jüdischer Existenz 1937-1939, Berlin 2004

Unrecht als System, hrsg. vom Gesamtdeutschen Ministerium, 4 Bde., Bonn 1952 ff.

Clemens Vollnhals, Entnazifizierung. Politische Säuberung und Rehabilitierung in den vier Besatzungszonen 1945-1949, München 1999

Undine Völschow, Jüdische Bevölkerung im Regierungsbezirk Chemnitz, in: Nitsche / Röcher (Hrsg.), Juden in Chemnitz, S. 143-148

Michael Wildt, Generation des Unbedingten. Das Führerkorps des Reichssicherheitshauptamtes, Hamburg 2002

Harald Wixforth, Auftakt zur Ostexpansion. Die Dresdener Bank und die Umgestaltung des Bankwesens im Sudetenland, Dresden 2001

Über den Autor

Klaus Bästlein

geb. 1956, Volljurist und promovierter Historiker, Studium der Rechtswissenschaften, Geschichte und Skandinavistik an der FU Berlin, 1984-89 wissenschaftlicher Mitarbeiter bei der Gedenkstätte Deutscher Widerstand, 1990-93 wissenschaftlicher Angestellter der Justizbehörde Hamburg, 1994-99 Angestellter der Senatsverwaltung für Justiz in Berlin, 2000-07 wissenschaftlicher Mitarbeiter bei der Gedenkstätte Deutscher Widerstand in Projekten mit der FU Berlin und der Universität Karlsruhe, seit 2008 Referent für politisch-historische Aufarbeitung des Berliner Landesbeauftragten für die Stasi-Unterlagen.

Wichtigste Veröffentlichungen: Das KZ Husum-Schwesing. Materialien zu einem dunklen Kapitel nordfriesischer Geschichte, Bredstedt 1983; „Für Führer, Volk und Vaterland ...“ Hamburger Justiz im Nationalsozialismus, Hamburg 1992 (Mitherausgeber); Die Normalität des Verbrechens. Bilanz und Perspektiven der Forschung zu den nationalsozialistischen Gewaltverbrechen, Berlin 1994 (Mitherausgeber); Beiträge zur juristischen Zeitgeschichte der DDR, Berlin 2000 (Mitherausgeber); Der Fall Mielke. Die Ermittlungen gegen den Minister für Staatssicherheit der DDR, Baden-Baden 2002.

Publikationsverzeichnis

In der Schriftenreihe des Berliner Landesbeauftragten sind bisher erschienen:

Bd. 1: *Siegfried Mampel,* Der Untergrundkampf des Ministeriums für Staatssicherheit gegen den Untersuchungsausschuß Freiheitlicher Juristen in West-Berlin. 4., neubearbeitete u. wesentlich erweiterte Aufl., 1999

Bd. 2: *Gunter Holzweißig,* Klassenfeinde und „Entspannungsfreunde". West-Medien im Fadenkreuz von SED und MfS. 1995

Bd. 3: *Roland Brauckmann,* Amnesty International als Feindobjekt der DDR. 1996

Bd. 4: *Jutta Braun, Nils Klawitter, Falco Werkentin,* Die Hinterbühne politischer Strafjustiz in den frühen Jahren der SBZ/DDR. 4., unveränderte Aufl., 2006

Bd. 5: *Hans-Eberhard Zahn,* Haftbedingungen und Geständnisproduktion in den Untersuchungs-Haftanstalten des MfS. 5., durchgesehene Aufl., 2007

Bd. 6: *Ilko-Sascha Kowalczuk,* Die Niederschlagung der Opposition an der Veterinärmedizinischen Fakultät der Humboldt-Universität zu Berlin in der Krise 1956/57. Dokumentation einer Pressekonferenz des Ministeriums für Staatssicherheit im Mai 1957. 3., unveränderte Aufl., 2006

Bd. 7: *Jan Foitzik,* Der sowjetische Terrorapparat in Deutschland. Wirkung und Wirklichkeit; *Wolfgang Buschfort,* Die Ostbüros der Parteien in den 50er Jahren. 3., unveränderte Aufl., 2006

Bd. 8: *Siegfried Berger,* „Ich nehme das Urteil nicht an". Ein Berliner Streikführer des 17. Juni vor dem Sowjetischen Militärtribunal. 4., durchgesehene Aufl., 2007

Bd. 9: *Jenny Niederstadt,* „Erbitten Anweisung!". Die West-Berliner SEW und ihre Tageszeitung „Die Wahrheit" auf SED-Kurs. 1999

Bd. 10: *Siegfried Mampel,* Entführungsfall Dr. Walter Linse. Menschenraub und Justizmord als Mittel des Staatsterrors. 3., unveränderte Aufl., 2006

Bd. 11: *Wolfgang Kockrow:* „Nicht schuldig!“. Der Versuch einer Aufarbeitung von 5 Jahren Zuchthaus in der DDR. 4., durchgesehene Aufl., 2005

Bd. 12: *Klaus Bästlein, Annette Rosskopf, Falco Werkentin,* Beiträge zur juristischen Zeitgeschichte der DDR. 2., durchgesehene Aufl., 2007

Bd. 13: *Detlef Kühn,* Das Gesamtdeutsche Institut im Visier der Staatssicherheit. 2001. 2., stark überarbeitete Aufl., 2008, nur als Download erhältlich.

Bd. 14: *Wolfgang Buschfort, Philipp-Christian Wachs, Falco Werkentin,* Vorträge zur deutsch-deutschen Nachkriegsgeschichte. 2., durchgesehene Aufl., 2007

Bd. 15: *Falco Werkentin (Hg.),* Der Aufbau der „Grundlagen des Sozialismus“ in der DDR 1952/53. 2., durchgesehene Aufl., 2007

Bd. 16: *Jens Schöne, Falco Werkentin,* 17. Juni 1953. Orte und Ereignisse in Ost-Berlin. 2., durchgesehene Aufl., 2005

Bd. 17: *Gerd Utech,* Prägende Jahre in Potsdam und Sibirien 1945-1955. Ein Zeitzeugenbericht. 2003

Bd. 18: *Michael Heghmanns, Wolff Heintschel von Heinegg,* Der Staatssicherheitsdienst in der Lausitzer Rundschau. 2003

Bd. 19: *Jens Schöne,* Erosion der Macht. Die Auflösung des Ministeriums für Staatssicherheit in Berlin. 2004

Bd. 20: *Andrea Huterer (Hg.),* Sobirai weschtschi! Pack deine Sachen! Jugendjahre im Gulag. Erinnerungen von Bodo Platt. 2., durchgesehene Aufl., 2007

Bd. 21: *Johannes Weberling, Giselher Spitzer (Hg.),* Virtuelle Rekonstruktion „vorvernichteter“ Stasi-Unterlagen. Technologische Machbarkeit und Finanzierbarkeit - Folgerungen für Wissenschaft, Kriminaltechnik und Publizistik. 2., durchgesehene Aufl., 2007

Bd. 22: *Jens Schöne,* Stabilität und Niedergang. Ost-Berlin im Jahr 1987. 3., unveränderte Aufl., 2008

Bd. 23: *Jörg Rudolph, Frank Drauschke, Alexander Sachse,* Hingerichtet in Moskau. Opfer des Stalinismus aus Berlin 1950-1953. 2007

Bd. 24: *Heinz Schwollius,* Aus der Todeszelle in die Hölle von Bautzen. 2007

Bd. 25:*Christoph Wunnicke,* Wandel, Stagnation, Aufbruch. Ost-Berlin im Jahr 1988. 2008

Bd. 26: *Martin Gutzeit (Hg.),* Auf dem Weg zur Friedlichen Revolution? Ost-Berlin in den Jahren 1987/88. 2008